Schmickler/Rudolph · Erfolgreiche ECR-Kooperationen

Dr. Marc Schmickler
Prof. Dr. Thomas Rudolph

Erfolgreiche ECR-Kooperationen

Vertikales Marketing zwischen
Industrie und Handel

Institut für Marketing und Handel
Gottlieb Duttweiler Lehrstuhl
für Internationales Handelsmanagement
Universität St. Gallen

Luchterhand

Die Deutsche Bibliothek – CIP-Einheitsaufnahme

Erfolgreiche ECR-Kooperationen. Vertikales Marketing zwischen Industrie und Handel / Hrsg.: Marc Schmickler ; Thomas Rudolph. - Neuwied ; Kriftel : Luchterhand, 2002

ISBN 3-472-04971-5

Lektorat: Thomas Bierschenk
Umschlaggestaltung und Illustration: Reckels, Schneider-Reckels, Wiesbaden
Satz: TGK Wienpahl, Köln
Druck und Binden: Wilhelm & Adam, Heusenstamm

Printed in Germany, November 2001

♾ Gedruckt auf säurefreiem, alterungsbeständigem und chlorfreiem Papier.

Vorwort

Die Managementliteratur thematisierte das Efficient-Consumer-Response (ECR)-Konzept in zahllosen Veröffentlichungen. Mehrere Kongresse mit tausenden von Teilnehmern deuten die außergewöhnlich große Bedeutung dieses Managementansatzes an. Durch die Zusammenarbeit zwischen Hersteller und Handel und unter dem gemeinsamen Primat der Kundenorientierung soll es gemäß den Protagonisten dieses Konzeptes gelingen, sowohl die Kosten als auch die Ertragsposition für beide Partner zu verbessern.

Blicken wir auf die nun fast zehnjährige Entwicklungsgeschichte von ECR zurück, so haben sich die großen Hoffnungen nicht ganz erfüllt.

Die ursprünglich in den USA entwickelte Methodik versprach erhebliche Renditesteigerungen in einer von starkem Verdrängungswettbewerb und geringen Gewinnen geprägten Lebensmittelbranche. Auch wenn sich sehr rasch herausstellte, dass in Europa die versprochenen Renditesteigerungen weit geringer als in den USA ausfallen, so tat dies der Popularität keinen Abbruch. Zahllose ECR-Boards fördern die Anwendung von ECR europaweit und in den einzelnen Ländern. Inwiefern der große Durchbruch gelungen ist, bleibt zu bezweifeln. Die erhofften Erfolgsbeispiele lassen sich nur mühsam finden und betreffen in erster Linie die Supply Chain. So konnten Handel und Industrie beispielsweise mit Datenstandards wie EDJ Effizienzsteigerungen erreichen. Hingegen war es weit schwieriger, den Kundennutzen zu steigern. Dies mag einerseits mit der konfliktträchtigen Beziehung zwischen Industrie und Handel zusammenhängen. Andererseits betonen die propagierten Phasenschemata zu einseitig die konzeptionelle Managementebene. Unterschiedliche Organisationen, Misstrauen und fehlende Motivation werden als ECR-Hindernisse nicht gebührend thematisiert. An dieser Stelle setzt das vorliegende Buch an. Es stellt ein integriertes Konzeptions- und Implementierungskonzept für erfolgreiche ECR-Kooperationen vor. Die Empfehlungen basieren erstens auf einer breit abgestützten empirischen Befragung von Industrie- und Handelsunternehmen, zweitens einer Vielzahl von Expertengesprächen und Fallstudien und drittens mehreren Vertiefungsworkshops mit den Firmen Procter & Gamble, Pick Pay AG, Breuninger GmbH & Co, WMF AG, Media Markt Management GmbH sowie Bosch Siemens Hausgeräte AG. Wir danken den genannten Firmen für die inhaltliche und finanzielle Unterstützung des Projektes.

Im ersten Teil des Buches wird ein Bezugsrahmen für das Management von ECR-Kooperationen gespannt. Dabei hilft insbesondere die

Analyse der strategischen Stoßrichtung beider Partner, die Erfolgschancen einer Zusammenarbeit abzuschätzen. Nur wenn beide Geschäftsmodelle (strategische Stoßrichtung) „zusammenpassen", kann es gelingen, Erfolg versprechende kooperative Betätigungsfelder zu identifizieren, welche die Wettbewerbspositionierung und -profilierung für Industrie und Handel verbessern. Darüber hinaus erhält der Leser einen differenzierten Überblick zum kooperativen Supply Chain Management, Information Management und Category Management.

Bei der Realisierung von ECR-Projekten gilt es, neben dem notwendigen strategischen Fit die Zusammenarbeit von Industrie und Handel strukturell zu verankern sowie personell-kulturelle Aspekte der beteiligten Unternehmen zu berücksichtigen. Bis dahin mangelt es an Methoden, die beispielsweise helfen, die Motivation und das Engagement der Mitarbeiter zu fördern oder Konflikte zwischen den Kooperationspartnern frühzeitig zu identifizieren und zu beseitigen. Das im zweiten Teil des vorliegenden Buches beschriebene Vorgehenskonzept setzt an diesem Defizit an. Dabei sind Hersteller und Handel aufgefordert, kooperative Kernprozesse auszuwählen und unter Berücksichtigung der drei Managementebenen Konzept, Struktur und Verhalten zu realisieren. Die differenziert vorgetragenen Vorschläge wurden in der Praxis getestet und als wichtige Ergänzung angenommen. Kooperatives Verhalten macht nach den Ergebnissen dieses Buches nicht immer Sinn und bedarf einer sorgfältigen Planung, welche in gebührendem Maße die „weichen Faktoren" berücksichtigen muss.

Wir hoffen, mit dem erweiterten Planungs- und Implementierungsansatz für ECR-Projekte sowohl der Wissenschaft als auch der Praxis weiterführende Anregungen vermitteln zu können.

Für die Koordination der Korrekturen zu diesem Buch danken wir lic. oec. HSG Markus Schweizer.

Wiesbaden und St. Gallen, im August 2001

Marc Schmickler
Thomas Rudolph

Zielsetzung des Buches

Ziel des vorliegenden Buches ist es, Zusammenhänge, Probleme und Lösungen für das Management von ECR-Kooperationen herauszuarbeiten. Branchenübergreifend sollen Hersteller und Händler eine konzeptionelle Grundlage für ihre Entscheidungs- und Gestaltungsprobleme erhalten. Zu diesem Zweck wird ein Vorgehenskonzept entwickelt, das Entscheidungen und Managementaufgaben während verschiedener Realisierungsphasen strukturiert und auf mögliche Barrieren hinweist. Im Mittelpunkt steht eine integrierte Ablaufplanung, die neben den konzeptionellen Grundlagen auch strukturelle und personell-kulturelle Aspekte der Realisierung von ECR-Kooperationen berücksichtigt.

Folgende Fragen werden in diesem Zusammenhang beantwortet.

1. Welche konkreten Herausforderungen müssen Hersteller und Händler bei der Realisierung von ECR-Kooperationen bewältigen?

2. Wie lässt sich das ECR-Konzept charakterisieren? Was sind die zentralen Ansatzpunkte innerhalb des ECR-Konzepts?

3. Welches Vorgehen unterstützt eine systematische Realisierung von ECR-Kooperationen?

4. Welche Methoden helfen, Konzeption und Realisierung der Kooperation zu verbessern?

Inhaltsverzeichnis

Teil III Anhang

Teil I

Bezugsrahmen für das Management von ECR-Kooperationen

1 Relevanz und Herausforderungen der kooperativen Wertschöpfung

Das gestiegene Anspruchsniveau der Konsumenten, die zunehmende Wettbewerbsdynamik und Konzentration auf Hersteller- und Handelsseite sowie die Beschleunigung des Technologiewandels kennzeichnen das häufig beschriebene turbulente Umfeld in der Konsumgüterbranche (vgl. Zentes/Hurth, 1996). Um den gestiegenen Anforderungen zu entsprechen, sind Unternehmen gezwungen, Effizienz- und Effektivitätssteigerungspotenziale konsequent zu erschließen. Dabei propagiert insbesondere das ECR-Konzept die Erkenntnis, dass die isolierte Optimierung des eigenen „Wertschöpfungsfensters" lediglich zu suboptimalen Lösungen führen kann. So identifizieren immer mehr Entscheidungszentralen von Industrie und Handel die vertikale Kooperation als Erfolg versprechende strategische Option. Unter dem Primat der Kundenorientierung zielt das ECR-Konzept darauf ab, sowohl die Kosten- als auch die Ertragsposition zu verbessern. Nachdem auf Basis des Efficient Replenishment bereits beachtliche Effizienzsteigerungen realisiert werden konnten, rückt aktuell das Category Management und damit die Demand-Side in den Mittelpunkt der ECR-Aktivitäten (vgl. Abb. 1). Doch beschränkt sich auch die marktseitige Kooperation zwischen Industrie und Handel häufig auf Prozessoptimierung und „effizientes Verkaufen" (vgl. Biehl, 1997 b, S. 38). Damit bleiben wesentliche Innovations- und Profilierungsreserven der Zusammenarbeit verschlossen. Zieldivergenzen sowie kontraproduktive Einstellungen und Verhaltensweisen verhindern ein kooperatives Marketing, das darauf abzielt, den Kunden zu begeistern und dauerhaft an Verkaufsstelle und Marke zu binden. Als Konsequenz konnten zwar Einsparungen realisiert werden, aber das anvisierte Wachstum blieb für beide Marktseiten weitestgehend aus.

Abbildung 1 gibt einen Überblick über die zentralen ECR-Ansatzpunkte, die in der Vergangenheit diskutiert und vorangetrieben wurden.

In der Zusammenarbeit von Hersteller und Handel lassen sich zahlreiche Problemfelder identifizieren, die sich auf zwei zentrale Herausforderungen für das Management von ECR-Kooperationen verdichten lassen (vgl. Abb. 2).

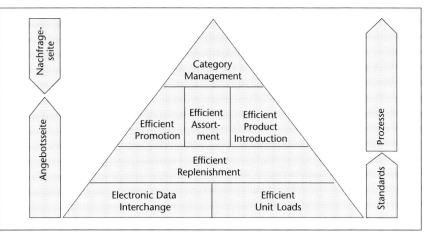

Abb. 1: *Bausteine von Efficient Consumer Response,*
Quelle: Rückert, 1998.

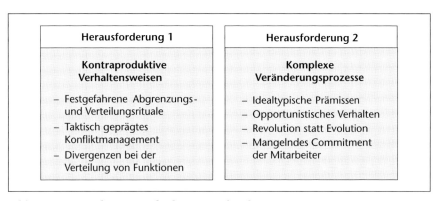

Abb. 2: *Zentrale Herausforderungen für das Management von*
ECR-Kooperationen

Herausforderung 1:
Überwindung kontraproduktiver Verhaltensweisen

❏ **Festgefahrene Abgrenzungs- und Verteilungsrituale**

In vielen Konsumgüterbranchen scheint die Geschäftsbeziehung zwischen Hersteller und Handel durch Misstrauen und Konfrontation geprägt. Ausdruck findet dies insbesondere im Rahmen der Konditionenpolitik. Hier werden „[...] beim Feilschen um Prozente liebgewonnene Gewohnheiten ad absurdum geführt" (Kolodziej, dm-drogerie markt GmbH & Co. KG). Demnach gibt es kein wirkungsvolleres Instrument zur Senkung der Einstandspreise als noch härtere Konditionenverhandlungen (vgl. Zentes/Ihrig, 1995, S. 20). „Es ist unglaublich, wie viele Ressourcen Markenartikler vergeuden, indem sie mit dem Handel Preisgespräche führen. Es wäre da viel sinnvoller, marketingorientierte Gespräche zu führen, um gemeinsam herauszuarbeiten, wie Absatz und Effizienz gesteigert werden können." (Kolodziej, dm-drogerie markt GmbH & Co. KG). Das Ergebnis dieser „Desorientierung" ist die Konditionenspirale mit negativen Konsequenzen für Ertragskraft und Markenwert.

❑ **Taktisch geprägtes Konfliktmanagement**

Konflikte zwischen Industrie und Handel sind systemimmanent. Beide Parteien beanspruchen die Marketingführerschaft. Daraus lässt sich schließen, dass „[...] viele Zielkonflikte und insbesondere der Verteilungskonflikt [...] prinzipiell nicht auflösbar, sondern bestenfalls in der einen oder anderen Form handhabbar [...]" (Steffenhagen, 1974, S. 685) sind. Bei der Handhabung dieser Konflikte steht in der Praxis häufig ein taktisches Konfliktmanagement im Vordergrund. So reagiert die Industrie auf konkrete Forderungen des Handels häufig nach Maßgabe kurzfristiger Umsatzziele. Gerade ein langfristiges, d.h. strategisches Vorgehen erscheint erforderlich, zumal die Beziehung von Industrie und Handel maßgeblich strategische Positionen im Wettbewerb bestimmt.

❑ **Divergenzen bei der Verteilung von Funktionen**

Die Divergenzen bei der Funktionsverteilung resultieren u.a. aus dem Kampf um die Marketingführerschaft. Dabei geht es sowohl um die Gestaltung des konsumentengerichteten Marketings als auch um logistische Aspekte. Daneben rückt die Aufteilung der Funktionen im Bereich der Informationswirtschaft in den Mittelpunkt. Diese gilt letztlich als „enabler" der Marketingführerschaft.

Bei der Übernahme von Funktionen gibt es keine grundsätzlichen Positionen, die Hersteller oder Händler einnehmen (vgl. Abb. 3). So integrieren Hersteller und Händler nach- bzw. vorgelagerte Funktionen entlang der Wertkette, letztlich mit der Intention, die eigene Autonomie zu erhöhen und den jeweils anderen zu umgehen. Das beiderseitige Vertikalisierungsstreben fördert Misstrauen und schürt Divergenzen.

Herausforderung 2:
Bewältigung komplexer Veränderungsprozesse

❑ **Idealtypische Prämissen**

Das ECR-Konzept basiert auf idealtypischen Annahmen. Relevante Beziehungsaspekte wie Macht oder Konflikte finden keine explizite Berücksichtigung. Wie sich aber nachweisen lässt, bleibt insbesondere das Durchsetzen ECR-orientierter Konditionen sowie die Ver-

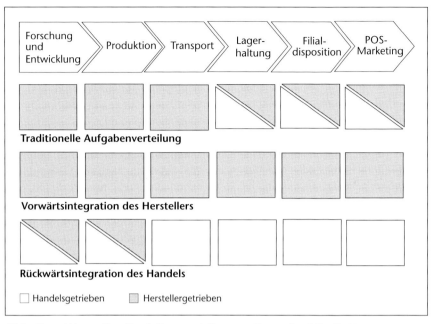

Abb. 3:   Alternative Funktionsverteilung entlang der Wertkette,
Quelle: in Anlehnung an Schnoedt, 1994, S. 12

teilung erschlossener Einsparungspotenziale eine Machtfrage (vgl.
Schlömann, 1999, S. 72).

❏ **Opportunistisches Verhalten**

ECR-Kooperationen reduzieren bestehende Hersteller-Handels-Kon-
flikte. Erfahrungen aus der Praxis zeigen, dass dennoch mit einigen „Nebenwirkungen" zu rechnen ist. Dazu gehört, dass sich Kon-
ditionenkonflikte verschärfen können. Dies liegt daran, dass er-
langte Informationen, z.B. in Bezug auf Kostenstrukturen, in Kon-
ditionengesprächen auch gegen den Kooperationspartner eingesetzt
werden können. Das Wissen um diese Problematik führt vielfach
zu einer gewissen Zurückhaltung beim Austausch von Informationen, so dass die Qualität der Zusammenarbeit beeinträchtigt wird.

❏ **Revolution statt Evolution**

ECR-Kooperationen bedingen für viele Unternehmen einen funda-
mentalen Wandel. Die Veränderungen beziehen sich sowohl auf
„harte" Faktoren, wie die Harmonisierung von Prozessen, Strukturen und Systemen, als auch auf „weiche" Faktoren. Letztere verweisen insbesondere auf personell-kulturelle Einflussfaktoren.

Viele Unternehmen streben bereits in frühen Phasen der Implementierung einen umfassenden „turn around" an. Anstelle einer schrittweisen Evolution führt man eine umfassende Revolution durch. Zwangsläufig stehen dabei die „harten" Faktoren im Mittelpunkt. Die Belange der Mitarbeiter, die dazu aufgefordert sind, den unternehmerischen Wandel maßgeblich mitzutragen, finden häufig zu wenig Beachtung.

❏ **Mangelndes Commitment der Mitarbeiter**

ECR-Kooperationen verändern Arbeitsweisen und -inhalte der Mitarbeiter. Entscheidungen und Verhaltensweisen, die in der Vergangenheit noch gültig und richtig waren, scheinen im Zuge der Kooperation nicht mehr adäquat. Zudem sind neue Kompetenzen insbesondere im sozialen Bereich erforderlich.

Es gilt die so genannte 80-20-Regel, die besagt, dass lediglich 20 Prozent des Erfolgs von der Technik, jedoch 80 Prozent vom Faktor Mensch abhängen (vgl. Heydt, 1999, S. 14). So bereitet die Veränderung vertraut gewordener Gewohnheiten zahlreichen Aufgabenträgern Schwierigkeiten. Dies gilt insbesondere dann, wenn die betroffenen Personen mehr Risiken als Chancen wahrnehmen. Die daraus resultierende Skepsis führt zu mangelndem Commitment, sogar zu Widerständen, was den Erfolg von Kooperationsprojekten nachhaltig beeinträchtigt.

2 ECR-Kooperationen zur ganzheitlichen Gestaltung von Wertsystemen

2.1 Das Wertsystem von Hersteller und Handel

Mit der Wertkette hat Porter ein Instrument für die strategische Planung entwickelt, das in der Literatur eine breite Beachtung findet (vgl. Volck, 1997, S. 63–97). Viele Beiträge in den Disziplinen Marketing, Kostenrechnung, Controlling sowie strategisches Management greifen die Wertkette auf und diskutieren verschiedene Möglichkeiten ihres Einsatzes. Auf Basis der Wertkette ist grundsätzlich ein Vergleich von Unternehmen möglich. Die Wertkette hilft, Unterschiede aufzuzeigen und mögliche Erfolgspositionen zu identifizieren. Dies dient z.B. dazu, die relative Kostensituation eines Unternehmens zu ermitteln oder Ansatzpunkte für ein differenzierteres Leistungsangebot zu erhalten.

Die Wertkette ist ein analytisches Instrumentarium der strategischen Planung. Dabei lassen sich die betrieblichen Aktivitäten strukturieren und nach verschiedenen Gesichtspunkten analysieren. Ein wesentlicher Bestandteil der Wertkettenanalyse besteht darin, die Leistungsinterdependenzen zwischen den Wertaktivitäten zu untersuchen. Porter (1999, S. 83 f.) spricht von so genannten Verknüpfungen („linkages"). Zwischen zwei Wertaktivitäten liegt eine Verknüpfung vor, wenn Entscheidungen einer Wertaktivität das Entscheidungsfeld der zweiten Wertaktivität maßgeblich beeinflussen. Durch Verknüpfungen entsteht die Notwendigkeit, Wertaktivitäten zu koordinieren. Verknüpfungen entstehen durch Leistungsaustausch oder durch die gemeinsame Nutzung von Ressourcen.

❑ Leistungsverknüpfungen zwischen zwei Wertaktivitäten bestehen dann, wenn der Output einer Wertaktivität die nachfolgende Aktivität auslöst. Leistungsinterdependenzen geben die Richtung der Beeinflussung vor. Dabei sind nachfolgende Aktivitäten vom Leistungsniveau vorgelagerter Stufen abhängig.

❑ Ressourcenverknüpfungen entstehen durch das gemeinsame Nutzen von Ressourcen durch mehrere Wertaktivitäten.

Der Wertbegriff der Wertkette abstrahiert von den Unternehmensgrenzen. Aus diesem Grunde gilt es, neben der internen Verknüpfung der Wertaktivitäten auch die unternehmensexternen Interdependenzen zu beachten. Im Rahmen des ECR-Konzeptes stehen die verknüpften Wertketten von Industrie und Handel im Mittelpunkt, die in ein gemeinsames Wertsystem eingelagert sind (vgl. Diller/Goerdt, 1998, S. 4). Der Begriff des Wertsystems wurde an dieser Stelle bewusst gewählt. Die Wertkette impliziert, dass die verschiedenen Wertaktivitäten – wie auf einer Kette – nacheinander von den beteiligten Unternehmen vollzogen werden. Der Trend geht jedoch dahin, verschiedene Aktivitäten – soweit möglich – simultan auszuführen. Zudem bearbeiten Unternehmen nicht unbedingt einen zusammenhängenden Bereich, sondern sind durchaus an mehreren, nicht zwingend aufeinander folgenden Aktivitäten beteiligt. Diesem Aspekt wird durch die Wahl des Begriffs „Wertsystem" Rechnung getragen.

Im Rahmen des Wertsystem sind Hersteller und Händler weniger als Institutionen, sondern vielmehr als Funktionsbündel zu verstehen. Das gemeinsame Ziel besteht darin, eine effizientere und effektivere Funktions- und Aufgabenverteilung im Wertsystem zu erreichen. Dabei gilt es, kritisch zu prüfen, welche Wertaktivitäten gemeinsam optimiert werden können. In Anlehnung an Belz/Bircher werden im Folgenden drei zentrale Fragen zur Identifizierung von Optimierungsfeldern in der Zusammenarbeit von Industrie und Handel formuliert (vgl. Belz et al., 1991, S. 32-35).

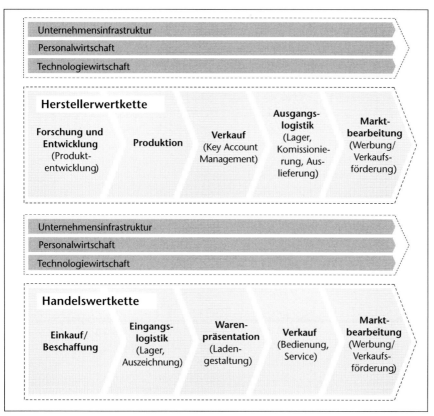

Abb. 4:   Wertsystem von Industrie und Handel,
Quelle: in Anlehnung an Pabst, 1993, S. 146

1. Welche Kernkompetenzen haben Hersteller und Handel? Welche Funktionen sind zentrale Elemente der jeweiligen Leistungserstellung? Welche Funktionen sind nicht essentiell für die Leistungserstellung und können delegiert werden?

2. In welchen Funktionen ist Kapital gebunden, das leicht abbaubar ist? Kann beispielsweise das gebundene Kapital in Lager- und/oder Filialbeständen reduziert werden?

3. In welchen Funktionen haben Hersteller und Händler spezifisches Know- und Do-how, z.B. CM-Know-how? In welchen Funktionen eröffnet ein kooperatives Vorgehen ein Professionalisierungspotenzial?

2.2 Hauptansatzpunkte des Efficient Consumer Response

ECR ist ein auf dem Kooperationsgedanken basierender Reengineeringansatz, der zunächst in der Lebensmittelbranche eingesetzt wurde und mittlerweile in verschiedenen Bereichen der Konsumgüterwirtschaft Einzug hält. Ziel aller ECR-Anstrengungen ist die Maximierung von Kundenorientierung bei gleichzeitiger Minimierung von Kosten auf sämtlichen Stufen der Wertkette (vgl. Möhlenbruch, 1997, S. 114). Der Hauptansatzpunkt liegt in der ganzheitlichen Betrachtung der Wertketten von Industrie und Handel, die nach Maßgabe des „Pull-Prinzips" zu gestalten sind (vgl. Ahlert/Borchert, 2000, S. 81 ff.). Im Rahmen der ECR-Aktivitäten lassen sich logistikorientierte und marketingorientierte Ansätze unterscheiden. Dementsprechend spricht man von Aktivitäten auf der Supply- und der Demand-Side (vgl. Diller/Goerdt, 1998, S. 4). Innerhalb dieser beiden tragenden Säulen gelangen eine Vielzahl von Strategien, Methoden und Techniken zum Einsatz.

❑ **Supply Chain Management (SCM):** In der Zusammenarbeit von Industrie und Handel wird der Waren-, Informations- und Geldfluss entlang der Wertkette optimiert (vgl. König/Krampe, 1995, S. 153). Das gemeinsame Ziel besteht darin, eine „total system efficiency" (vgl. Günther, 1999, S. 694 ff.) zu erreichen, was eine effiziente und kostengünstige Gestaltung logistischer Prozesse impliziert. Dabei geht es u.a. um das Erreichen einer kritischen Masse bei Transporteinheiten oder um das branchenweite Definieren von Standards beispielsweise in Bezug auf Verpackungseinheiten. Die dem SCM zugrunde liegende Basisstrategie ist das **Efficient Replenishment**, welches einen optimierten Warenfluss, eine Verringerung der Vorratsbestände bzw. Bestellmengen und eine zeitnahe Versorgung von Lagerstufen und Verkaufsstellen im Sinne einer Just-in-Time-Konzeption anstrebt (vgl. Bertram, 1994, S. 22).

❑ **Category Management (CM):** Im Rahmen eines kooperativen Marketings ist aktuell der Ansatz des CM von besonderem Interesse. Dabei werden die Warengruppen bzw. Categories als strategische Geschäftseinheiten verstanden und in der Zusammenarbeit von Industrie und Handel geplant, gesteuert und kontrolliert (vgl. Fischer, 1999, S. 1117 ff.). Das gemeinsame Ziel besteht darin, dem Verbraucher das **richtige Produkt** vom leistungsfähigsten Hersteller-/Handelsgespann am **richtigen Ort**, in der **richtigen Menge** zur **richtigen Zeit** zu offerieren.

Viele Autoren vertreten die Auffassung, dass CM eindeutig und ausschließlich der Demand-Side zugeordnet ist (Freedman/Reyner/Tochtermann, 1997, S. 156). Andere Autoren erweitern die Perspektive (vgl Jauschowetz, 1995, S. 301; Behrends, 1994, S. 60; Möhlenbruch, 1997,

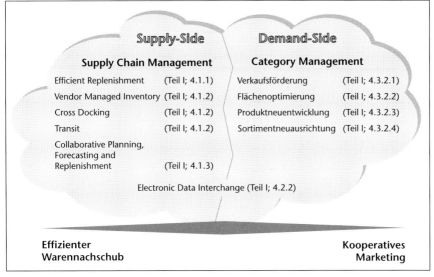

Abb. 5: Supply- und Demand-Side-Projekte

S. 120). Der Grund dafür liegt in der hohen Bedeutung der Kosten, insbesondere der Transport- sowie Lagerkosten, die bei einer reinen Demand-Side-Orientierung keine Beachtung finden. Innerhalb der definierten Category geht es dabei nicht ausschließlich um die Steigerung des Umsatzes. Die Kosten sind als zusätzliche Dimension bei der Planung, Steuerung und Kontrolle der Warengruppen zu beachten. Wird beispielsweise im Rahmen der Regaloptimierung (Demand-Side-Aktivität) die Anzahl der „facings" einzelner Produkte verändert, kann dies z.B. Auswirkungen auf Filialbestände und/oder Bestellrhythmen haben. Dadurch verändert sich die Kostensituation innerhalb der Category nachhaltig.

Im Rahmen der folgenden Ausführungen wird CM als zentraler Ansatz eines kooperativen Marketings verstanden, der auf die enge Verzahnung der effizienten Warenversorgung mit der Vermarktung von Produkten und Sortimenten am POS verweist. Die kooperativen CM-Aktivitäten, Produktentwicklung, Sortimentsneuausrichtung, Flächenoptimierung sowie Verkaufsförderungsaktionen setzen jedoch primär an der Demand-Side an.

Von besonderer Bedeutung für kooperative Aktivitäten sowohl auf der Supply- als auch auf der Demand-Side ist das Management der relevanten Informationen. Im Rahmen des SCM beziehen sich die relevanten Informationen unmittelbar auf den physischen Warenfluss. Es handelt sich um Geschäftsabwicklungs- und um Prozessdaten. Expertengespräche offenbaren, dass diese Informationen als wenig sensibel zu charakterisieren sind.

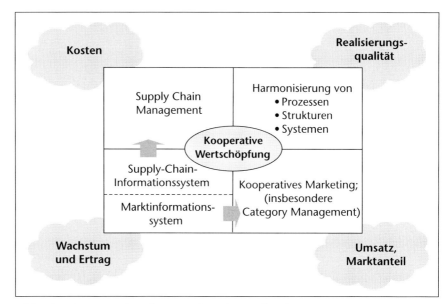

Abb. 6:   Ansätze einer kooperativen Wertschöpfung,
Quelle: in Anlehnung an Zeiner/Ring, 1999, S. 253

Ein kooperatives Marketing verlangt den wechselseitigen Austausch von
marktbezogenen Informationen. Diese beschreiben den Marktauftritt
sowie die Marktposition. Die Informationen sind sensibel. Ein Austausch erfolgt eher zurückhaltend. Begründet werden kann dieses Verhalten u.a. damit, dass insbesondere Hersteller die wachsende Infor-
mationsmacht des Handels und einen Verlust an Markenkompetenz
fürchten (vgl. Eierhoff, 2000, S. 256 f.).

Abb. 7:   Sensibilität des Datenaustauschs,
Quelle: in Anlehnung an o.V., 1997-ECR-Status-, S. 30

Zusammenfassend lässt sich feststellen, dass Supply-Chain-Kooperationen sowie CM-Kooperationen einen generell unterschiedlichen Charakter aufweisen. Die nachfolgende Tabelle enthält die zentralen Aussagen.

CM	SCM
Eher **bilaterale, selektive** Zusammenarbeit zwischen Herstellern und Händlern.	Kooperation **mehrerer Hersteller und Händler**; Definition gemeinsamer Standards.
Zurückhaltende Kommunikation; Austausch sensibler markt- und konsumentenbezogener Daten und Informationen.	Offene Kommunikation; warenfluss-bezogene Informationen mit geringem Vertraulichkeitsgrad.

Tab. 1: *Charakterisierung von CM und SCM,*
Quelle: in Anlehnung an Holzkämper, 1999, S. 60

2.3 Stellenwert und Charakterisierung von ECR-Kooperationen

In mehreren Abschnitten des Buches werden zentrale Ergebnisse einer empirischen Studie dargestellt. Diese basiert auf einer quantitativen Befragung von Handels- und Herstellerexperten. In der Stichprobe fanden insbesondere jene Unternehmen Berücksichtigung, die aktiv ECR- und/oder CM-Projekte betreiben und einen hohen Professionalitätsgrad aufweisen. Die Auswahl der Unternehmen basiert auf einer intensiven Desk Research. Insofern handelt es sich nicht um eine Zufallsauswahl, sondern es wurde bewusst selektiert. Auf Handelsseite richtete sich der Fragebogen insbesondere an Mitarbeiter aus Einkauf, Marketing, CM und Verkauf. Auf Herstellerseite wurden Mitarbeiter aus Marketing, Trade-Marketing, Key Account Management (KAM), CM und Verkauf angesprochen. Die genannten Zielgruppen weisen die notwendige Erfahrung und Kompetenz auf, den Fragebogen qualifiziert zu beantworten. Bei der ersten Befragungswelle kamen 100 Fragebögen (50 Hersteller- sowie 50 Händlerfragebögen) zurück.

94 Prozent der befragten Handels- und Herstellerexperten sind davon überzeugt, dass ECR die Zukunft der Hersteller-Handels-Beziehung maßgeblich bestimmen wird (vgl. Abb. 8). 91 Prozent der Experten bestätigen eine Verbesserung der Geschäftsbeziehung im Hinblick auf mehr Offenheit und Vertrauen zwischen den Akteuren. 73 Prozent der Befragten geben an, selbst aktiv ECR-Projekte zu betreiben. 71 Prozent der Experten attestieren den ECR-Projekten eine sehr hohe Priorität, und 76 Prozent der Probanden bestätigten die Aussage, dass der Nutzen durch ECR die Kosten rechtfertigt.

Die dargestellten Ergebnisse verdeutlichen den hohen Stellenwert, den das ECR-Konzept bei Industrie und Handel genießt. Demnach ist es auf der Grundlage des ECR-Konzepts gelungen, „[...] Bewegung in die Konsumgüterbranche zu bringen. So erkennen die meisten Hersteller und Händler die Notwendigkeit, sich unter dem Schlagwort des ECR in irgendeiner Form zu engagieren [...]".

Divergenzen zwischen Industrie und Handel ergeben sich bei der Beurteilung der Wichtigkeit der einzelnen ECR-Bausteine (vgl. Abb. 9). Händler schätzen das SCM signifikant wichtiger ein als CM. Auch Körber, Vorstandssprecher der Metro AG, unterstreicht die hohe Bedeutung des SCM für den Handel und bezeichnet die Optimierung der Versorgungskette als zentrale Aufgabe des Topmanagements. Dabei ginge es insbesondere für international agierende Handelsunternehmen darum, Effizienzsteigerungspotenziale auf globalem Niveau zu realisieren.

Eine grundsätzliche Diskrepanz zwischen Hersteller und Handel besteht hinsichtlich der Frage, ob der Handel ein professionelles CM auch ohne die Industrie betreiben kann. Herstellerexperten stehen dieser Aussage eher skeptisch gegenüber. Expertengespräche mit Category Managern der Industrie bestätigen diese negative Einschätzung. Demnach verfügt der Handel in der Regel weder über das notwendige Know-how noch über die erforderliche quantitative und qualitative Analysekapazität, um ein professionelles CM alleine betreiben zu können.

Kooperationsprojekte werden von 85 Prozent der befragten Hersteller- und Handelsexperten als komplex, von 77 Prozent als dringlich, von 68 Prozent als neu und von 63 Prozent als personell sehr aufwendig wahrgenommen (vgl. Abb. 10).

Die Komplexität der ECR-Projekte resultiert aus den zu lösenden Aufgaben. Sowohl Supply-Side- als auch Demand-Side-Kooperationen setzen an komplexen Sachfragen an, deren Lösung ein professionelles Know- und Do-how erfordert. Zudem erhöhen der interorganisationale Charakter sowie die Vielzahl der involvierten Anspruchsgruppen die Komplexität nachhaltig. So liegt sicherlich eine zentrale Herausforderung in der unternehmensinternen und -externen Koordination der verschiedenen Aufgabenträger.

Die Dringlichkeit der ECR-Projekte resultiert insbesondere aus der Dynamik der Konsumgüterbranche. Die Kooperationsträger sind häufig gezwungen, innerhalb kürzester Zeit quantifizierbare Erfolge zu generieren. In der Regel sind Termine und Meilensteine sehr ehrgeizig definiert. Dabei ist allerdings zu beachten, dass viele Unternehmen noch über sehr beschränkte Erfahrungen in Bezug auf Konzeption und Realisierung von ECR-Projekten verfügen. Zu rigide Planvorgaben wirken häufig eher kontraproduktiv.

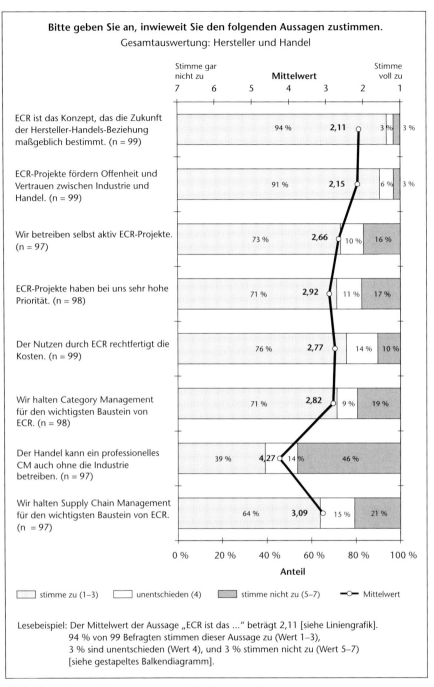

Bitte geben Sie an, inwieweit Sie den folgenden Aussagen zustimmen.

Gesamtauswertung: Hersteller und Handel

Abb. 8: *Zum Stellenwert von ECR-Kooperationen –*
Gesamtauswertung: Hersteller und Handel

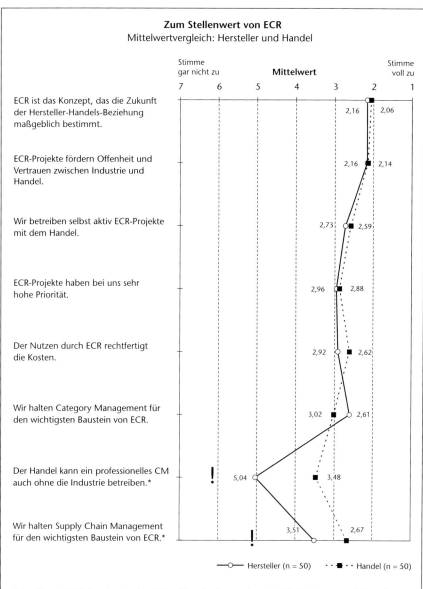

Zum Stellenwert von ECR
Mittelwertvergleich: Hersteller und Handel

	Stimme gar nicht zu		Mittelwert			Stimme voll zu
	7	6	5	4	3	2	1

ECR ist das Konzept, das die Zukunft der Hersteller-Handels-Beziehung maßgeblich bestimmt. — 2,16 / 2,06

ECR-Projekte fördern Offenheit und Vertrauen zwischen Industrie und Handel. — 2,16 / 2,14

Wir betreiben selbst aktiv ECR-Projekte mit dem Handel. — 2,73 / 2,59

ECR-Projekte haben bei uns sehr hohe Priorität. — 2,96 / 2,88

Der Nutzen durch ECR rechtfertigt die Kosten. — 2,92 / 2,62

Wir halten Category Management für den wichtigsten Baustein von ECR. — 3,02 / 2,61

Der Handel kann ein professionelles CM auch ohne die Industrie betreiben.* — 5,04 / 3,48

Wir halten Supply Chain Management für den wichtigsten Baustein von ECR.* — 3,51 / 2,67

—O— Hersteller (n = 50)   ··■·· Handel (n = 50)

* signifikanter Mittelwertunterschied (Signifikant bedeutet, dass sich die Mittelwerte zwischen den beiden Gruppen mit einer Wahrscheinlichkeit von 95 % tatsächlich unterscheiden.)

Lesebeispiel: Der Handel stimmt der Aussage „Wir halten Supply Chain Management (SCM) für den wichtigsten Baustein von ECR" signifikant mehr zu als die Hersteller.

*Abb. 9: Zum Stellenwert von ECR-Kooperationen –
Mittelwertvergleich: Hersteller und Handel*

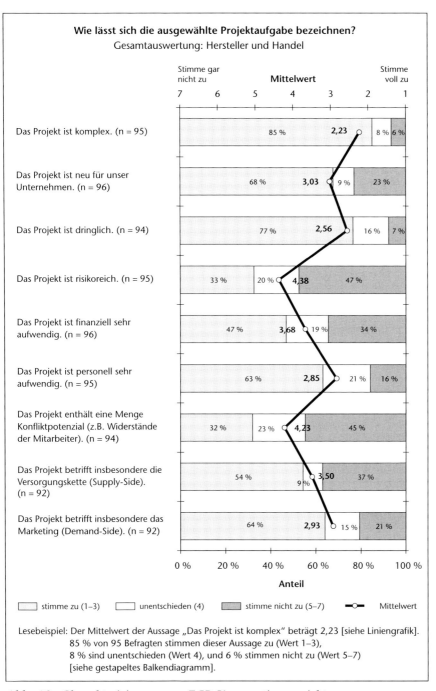

Wie lässt sich die ausgewählte Projektaufgabe bezeichnen?
Gesamtauswertung: Hersteller und Handel

	Stimme gar nicht zu	Mittelwert	Stimme voll zu
	7 6 5	4 3	2 1

Das Projekt ist komplex. (n = 95) — 85 % — 2,23 — 8 % — 6 %

Das Projekt ist neu für unser Unternehmen. (n = 96) — 68 % — 3,03 — 9 % — 23 %

Das Projekt ist dringlich. (n = 94) — 77 % — 2,56 — 16 % — 7 %

Das Projekt ist risikoreich. (n = 95) — 33 % — 20 % — 4,38 — 47 %

Das Projekt ist finanziell sehr aufwendig. (n = 96) — 47 % — 3,68 — 19 % — 34 %

Das Projekt ist personell sehr aufwendig. (n = 95) — 63 % — 2,85 — 21 % — 16 %

Das Projekt enthält eine Menge Konfliktpotenzial (z.B. Widerstände der Mitarbeiter). (n = 94) — 32 % — 23 % — 4,23 — 45 %

Das Projekt betrifft insbesondere die Versorgungskette (Supply-Side). (n = 92) — 54 % — 9 % — 3,50 — 37 %

Das Projekt betrifft insbesondere das Marketing (Demand-Side). (n = 92) — 64 % — 2,93 — 15 % — 21 %

0 %   20 %   40 %   60 %   80 %   100 %
Anteil

☐ stimme zu (1–3)   ☐ unentschieden (4)   ▨ stimme nicht zu (5–7)   ⊸ Mittelwert

Lesebeispiel: Der Mittelwert der Aussage „Das Projekt ist komplex" beträgt 2,23 [siehe Liniengrafik].
85 % von 95 Befragten stimmen dieser Aussage zu (Wert 1–3),
8 % sind unentschieden (Wert 4), und 6 % stimmen nicht zu (Wert 5–7)
[siehe gestapeltes Balkendiagramm].

Abb. 10: Charakterisierung von ECR-Kooperationsprojekten –
Gesamtauswertung: Hersteller und Handel

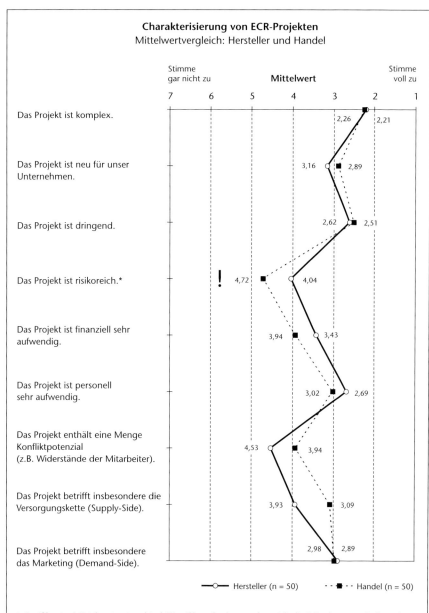

Abb. 11: Charakterisierung von ECR-Kooperationsprojekten –
Mittelwertvergleich: Hersteller und Handel

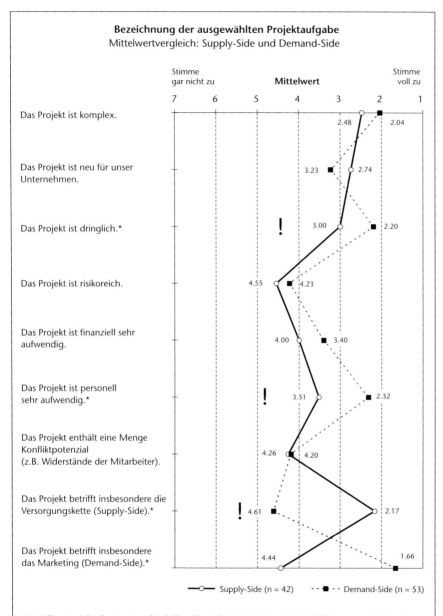

Bezeichnung der ausgewählten Projektaufgabe
Mittelwertvergleich: Supply-Side und Demand-Side

	Stimme gar nicht zu	**Mittelwert**		Stimme voll zu
	7 6 5	4 3	2 1	

Das Projekt ist komplex. — 2.48 / 2.04

Das Projekt ist neu für unser Unternehmen. — 3.23 / 2.74

Das Projekt ist dringlich.* — 3.00 / 2.20

Das Projekt ist risikoreich. — 4.55 / 4.23

Das Projekt ist finanziell sehr aufwendig. — 4.00 / 3.40

Das Projekt ist personell sehr aufwendig.* — 3.51 / 2.32

Das Projekt enthält eine Menge Konfliktpotenzial (z.B. Widerstände der Mitarbeiter). — 4.26 / 4.20

Das Projekt betrifft insbesondere die Versorgungskette (Supply-Side).* — 4.61 / 2.17

Das Projekt betrifft insbesondere das Marketing (Demand-Side).* — 4.44 / 1.66

—○— Supply-Side (n = 42)   - - ■ - - Demand-Side (n = 53)

* signifikanter Mittelwertunterschied (Signifikant bedeutet, dass sich die Mittelwerte zwischen den beiden Gruppen mit einer Wahrscheinlichkeit von 95 % tatsächlich unterscheiden.)

Lesebeispiel: Die Demand-Side stimmt der Aussage „Das Projekt ist dringlich" signifikant mehr zu als die Supply-Side.

Abb. 12: Charakterisierung von ECR-Kooperationsprojekten –
Mittelwertvergleich: Supply-Side und Demand-Side

Wenngleich auf eher geringem Niveau ist auffällig, dass Herstellerexperten Kooperationsprojekte risikoreicher als Handelsexperten wahrnehmen (vgl. Abb. 11). Die durchgeführten explorativen Expertengespräche bestätigen diese Einschätzung. So befürchten zahlreiche Industrievertreter, dass „[...] die Hersteller zwar dazu beitragen, den Kuchen zu vergrößern, aber kein größeres Stück davon abbekommen" (Roncoroni, Procter & Gamble SA.). Als Beleg für solche Argumente führen Herstellerexperten die von diversen Handelsunternehmen geforderten ECR-Konditionen an. „Wenn es alleine darum geht, Marktanteile von einem Handelsunternehmen zum anderen zu verschieben, dann haben die Hersteller nichts davon." (Helweg, Beiersdorf AG.).

Im Vergleich von Supply-Side- und Demand-Side-Projekten ist auffällig, dass es signifikante Unterschiede bei der Beurteilung der Dringlichkeit gibt (vgl. Abb. 12). Demnach sind Demand-Side-Projekte dringlicher als Supply-Side-Projekte. Dies lässt sich wahrscheinlich damit erklären, dass bereits zahlreiche Supply-Side-Projekte abgeschlossen wurden, während sich Demand-Side-Projekte häufig noch in der Initiierungsphase befinden.

Darüber hinaus sind Demand-Side-Projekte personell aufwendiger. So werden Supply-Side-Projekte in der Regel von den Funktionsbereichen Logistik und EDV/Informatik vorangetrieben. Dagegen impliziert das CM-Konzept tiefergreifende strukturelle Veränderungen. Davon betroffen sind die Einkaufs- und Verkaufsorganisation beim Handel sowie die Marketing- und Vertriebsorganisation beim Hersteller.

3 Situatives Management von ECR-Kooperationen

3.1 Handelsspezifische Geschäftsmodelle

In diesem Abschnitt stehen die situativen Rahmenbedingungen für Kooperationen im Mittelpunkt der Betrachtung. Diese werden maßgeblich durch das verfolgte Geschäftsmodell determiniert. Das Geschäftsmodell findet sich erst seit kurzem in der Strategiediskussion. Die Planung von Geschäftsmodellen erweitert das klassische Verständnis eines marktorientierten Marketingmanagements. Dabei sind nicht nur die Kundenbedürfnisse in adäquater Form zu berücksichtigen, sondern insbesondere die vorhandenen Ressourcen und Kernkompetenzen eines Unternehmens.

In einer empirischen Studie über erfolgreiche Geschäftsmodelle des Handels identifizierte Rudolph die drei nachfolgenden Idealtypen: Content Retailer, Channel Retailer sowie Global Discounter (vgl. Ru-

	Geschäftsmodell		
	Content Retailer (Beispiel Tesco)	Channel Retailer (Beispiel Wal-Mart)	Global Discounter (Beispiel Aldi)
Unternehmenskultur	„Produktinnovation fördern"	„Kundenlösung suchen"	„Kosten minimieren"
Nutzenstrategie	Produktführerschaft	Kundenpartnerschaft	Kostenführerschaft
Operative Kernprozesse	Marktforschung, Produktentwicklung, „Kult"-Kommunikation	Beziehungspflege Industrie, Sortiment, Service- und Dienstleistung	Optimierte Einkaufs-, Logistik- und Verkaufsprozesse
Geschäftsstruktur	Flexible, dezentrale und agile Netzwerkstruktur	Hohe Entscheidungsbefugnis der Mitarbeiter	Standardisierte und vereinfachte Abläufe
Managementsysteme	Aufbau und Pflege von einzigartigen Sortimentangeboten	Leistungsmix auf Kundenbedürfnisse ausrichten	Zuverlässige, schnelle Transaktionen nach vorgegebenen Leistungsmaßstäben
Markteintritt	Organisches Wachstum	Fusion	Organisches Wachstum

Tab. 2:   Geschäftsmodelle für Händler,
Quelle: Rudolph, 2000-Geschäftsmodelle, S. 28

dolph, 2000, Geschäftsmodelle; Rudolph, 2000, Wertkette, S. 66). Die in Tabelle 2 dargestellten Geschäftsmodelle beschreiben Erfolg versprechende Wettbewerbsstrategien von Handelsunternehmen. Das gewählte und implizit in der Unternehmenskultur verankerte Geschäftsmodell beeinflusst in hohem Maße die Ausgestaltung des Kooperationsmanagements.

Content Retailer konzentrieren sich primär auf die Entwicklung unverwechselbarer Eigenmarken. Sie managen die gesamte Wertkette von der Produktion bis hin zum Verkauf der Ware weitestgehend ohne Unterstützung von Herstellern. Der Content Retailer strebt mit seinen Eigenmarken die Produktführerschaft an. Die innovativen Produkte festigen die langfristige Beziehung zum Kunden. Die Bindung an das Unternehmen basiert auf Unternehmenswerten, die der Kunde schätzt. Häufig spiegelt sich in den Unternehmenswerten eine bestimmte Lebenskultur wider. Marks & Spencer mit der typisch britischen Eigenmarke St. Michael verkörpert dieses Strategiemuster seit Jahrzehnten erfolgreich. Jüngste Rückschläge im Unternehmensergebnis zwingen Marks & Spencer, sich verstärkt der Kernkompetenz Entwicklung und Vertrieb von innovativen Eigenmarken zu widmen und modische Anforderungen der Kunden schneller zu berücksichtigen.

Implikationen für das Kooperationsmanagement

Der Content Retailer definiert seine Sortimente bzw. Warengruppen weitestgehend ohne Unterstützung der Hersteller. Die Industrie produziert Eigenmarken im Auftrag des Handels. In der Zusammenarbeit mit Herstellern steht insbesondere die Produktentwicklung im Mittelpunkt. Kernkompetenz des Content Retailers muss es sein, die Effektivität des Marktauftritts durch bedürfnisgerechte und einzigartige Eigenmarken zu erhöhen.

Channel Retailer verfolgen die Strategie der Kundenpartnerschaft. Im Mittelpunkt des Leistungsangebotes stehen Lösungen für spezifische Kundenprobleme. Channel Retailer profilieren sich über eine große Auswahl an Markenartikeln, eine attraktive Ladengestaltung und gute Serviceleistungen. Mit Hilfe eines standardisierten Betriebsformenkonzepts und der Bekanntheit internationaler Marken expandieren Channel Retailer schnell. Ziel ist es, über größere Beschaffungs- bzw. Einkaufsvolumina Kostendegressionseffekte zu realisieren.

Der Channel Retailer ist am stärksten vom Spannungsfeld aus Rationalisierung und Profilierung betroffen (vgl. Rudolph, 1997, Spannungsfeld, S. 12). Einerseits muss es dem Channel Retailer gelingen, Aktivitäten entlang der Supply Chain möglichst effizient zu gestalten. Andererseits muss er am POS, d.h. in der Verkaufsstelle, den hohen Anforderungen und Erwartungen der Kunden im Hinblick auf Qualität, Service und großer Auswahl gerecht werden.

Implikationen für das Kooperationsmanagement

Auffällig für Channel Retailer ist der markenbetonte Einkauf und die Notwendigkeit, künftig engere Kooperationen mit der Industrie einzugehen. Ziel ist es, innovative Produkt- und Serviceideen zu generieren, um Wettbewerbsvorteile gegenüber Discountern aufzubauen. Daher werden die heutigen, hauptsächlich technologiegetriebenen ECR-Aktivitäten auf der Supply-Side zunehmend die Demand-Side erfassen. Hier ist der Channel Retailer auf die kooperative Zusammenarbeit mit Herstellern angewiesen. Voraussetzung ist, dass Hersteller umfassende marktbezogene Kompetenzen in der Form eines speziellen Wissens z.B. über die Verwender der eigenen Produkte in die Zusammenarbeit einbringen.

Global Discounter setzen in erster Linie auf die klassische Marketing philosophie der Preis-Mengen-Führerschaft. Aus dem standardisierter Leistungsangebot resultieren Skaleneffekte, die über niedrige Preise ar den Verbraucher weitergegeben werden. Zentralisierung und ein Höchst maß an Standardisierung kennzeichnen die organisatorischen und informationstechnologischen Rahmenbedingungen. Ferner konzentrier sich der Global Discounter auf drei operative Kernprozesse. Auf der Grundlage effizienter Einkaufs-, Logistik- und Verkaufsprozesse soll das Ziel der Kostenführerschaft realisiert werden. So kauft der Global Discounter große Mengen ein und betreibt einheitliche Verkaufsstellen. Die Sortimente sind durch eine niedrige Artikelzahl, eine hohe Umschlaggeschwindigkeit und einen hohen Eigenmarkenanteil gekennzeichnet. Die Strategie von Aldi ist diesem Typ sehr ähnlich.

Implikationen für das Kooperationsmanagement

Für den Global Discounter ist die konsequente Rationalisierung bzw. das Ausschöpfen von Kostensenkungspotenzialen überlebenswichtig. Diese Potenziale gilt es, sowohl entlang der Supply Chain als auch am POS zu realisieren. Für eine Zusammenarbeit mit Herstellern bietet sich zunächst eine Optimierung der Versorgungskette an. Ein kooperatives POS-Marketing kommt für den Global Discounter nicht in Frage. Vergleichbar dem Content Retailer produzieren die Industriepartner des Global Discounters in erster Linie Eigenmarken. So liegt auch in dieser Geschäftsbeziehung der Hebel für eine marktseitige Kooperation in einer abgestimmten Produktentwicklung.

Seit Anfang der 90er Jahre waren insbesondere große Handelsunternehmen bestrebt, ihre Tätigkeitsbereiche respektive ihre Produkt-Markt-Strategien auszuweiten. Viele Entscheider im Handelsmanagement erkannten, dass die zu verteilenden Spannen im Handel ein nur geringes Wachstum zulassen. Diversifikation wurde zum Zauberwort des Handelsmanagements mit dem Ziel, neue ertragsstarke Produkt-/Marktfelder zu besetzen und das Risiko der Unternehmensaktivitäten zu verteilen. Nach Ansicht von Werner, Geschäftsführer dm-drogerie markt, sind die „hochgelobten Diversifikationsstrategien" gescheitert. „Mit Geld allein lassen sich nicht alle Märkte erobern"(Werner, dm-drogerie markt GmbH & Co. KG.). Vielmehr seien marktorientierte Konzepte erforderlich. Vor diesem Hintergrund sind Content Retailer, Channel Retailer und Global Retailer als idealtypische Geschäftsmodelle zu bezeichnen, die für drei grundsätzliche strategische Ausrichtungen am Markt stehen. Die aktuelle Unternehmensentwicklung bestätigt die zunehmende Bedeutung der Idealtypen. So bereinigt Tengelmann sein Vertriebstypenportfolio, Metro setzt verstärkt auf Marken und konzentriert sich auf das Kerngeschäft Cash & Carry, während Promodés und Auchan die Eigenmarkenpolitik ausbauen.

3.2 Herstellerspezifische Geschäftsmodelle

Geschäftsmodelle der Hersteller lassen sich anhand ihrer grundsätzlichen Ausrichtung auf den Endverbraucher sowie ihrer Verhaltensstrategie gegenüber dem Handel unterscheiden. Tomczak unterscheidet in diesem Zusammenhang die klassische Pull-Strategie, die synergetische Trade-Marketing-Strategie sowie die Zulieferer-Strategie (vgl. Tomczak, 1993, S. 46). Die drei identifizierten, strategischen Optionen geben grundsätzliche Richtungen hinsichtlich Umfang, Art und Qualität der Wahrnehmung von bestimmten Marketing- und Distributionsaufgaben wieder. Basierend auf den drei Strategiealternativen werden im Folgenden drei idealtypische Herstellergeschäftsmodelle abgeleitet (vgl. Abb. 13).

Hersteller des Typs **Brand Manufacturer** verfolgen die Strategie der Produktführerschaft. So führt der Brand Manufacturer „starke Marken", so genannte A-Brands, auf die insbesondere der Channel Retailer im Rahmen seines Sortiments nicht verzichten kann. Aus diesem Grunde ist das professionelle Brand Management die fundamentale Kernkompetenz dieses Herstellertyps. Der Brand Manufacturer verfolgt eine aggressive Pull-Strategie. Ein solches Vorgehen impliziert eine indirekte Profilierung gegenüber dem Handel.

Brand Manufacturer	• Eindeutiger Fokus auf den Konsumenten • Markengetriebener Ansatz (keine Handelsmarken) • „Überheblicher" Umgang mit dem Handel • ECR-Aktivitäten i.e.S. auf der Supply-Side
Channel Manufacturer	• Fokus auf Konsumenten und Handel • Markengetriebener Ansatz (pragmatischer Umgang mit Handelsmarken) • Kooperativer Umgang mit dem Handel • ECR-Aktivitäten auf Supply- und Demand-Side zum Zweck der Effizienz- und Effektivitätssteigerung
Private Label Supplier	• Fokus auf Handel • Handelmarkengetriebener Ansatz • Unterwürfiger Umgang mit dem Handel • ECR-Aktivitäten auf Supply- und Demand-Side zum Zweck der Effizienz- und Effektivitätssteigerung

Abb. 13: Geschäftsmodelle für Hersteller, Quelle: in Anlehnung an Freedman/Reyner/Tochtermann, 1997, S. 156 ff.

Implikationen für das Kooperationsmanagement

Der Brand Manufacturer strebt die Marketingführerschaft im Absatzkanal an. Ihn schützt ein starker Consumer-Pull vor der Gefahr der Auslistung durch den Handel. So ist es kaum vorstellbar, dass Produkte wie Coca-Cola oder Pampers Windeln aus den Regalflächen des Handels verschwinden könnten. Eine solche Machtduldung seitens des Handels äußert sich beispielsweise darin, dass der Handel Herstellervorgaben hinsichtlich Warenpräsentation, Endverbraucherpreis, Kommunikationspolitik und/oder Bestellpolitik einhält. Tomczak und Gussek betonen im Zusammenhang mit der aggressiven Pull-Strategie, das aufgrund der bestehenden Wettbewerbsverhältnisse eine konsequente Pull-Strategie – auch für den Brand Manufacturer – kaum mehr realisierbar ist. So ist der Brand Manufacturer zunehmend gezwungen, auf die spezifischen Anforderungen marktmächtiger Händler Rücksicht zu nehmen.

Als Kooperationspartner für den Brand Manufacturer kommt insbesondere der Channel Retailer in Betracht. Dabei bietet sich eine Zusammenarbeit zunächst auf der Supply-Side an. Eine Optimierung der Versorgungskette kann für beide Akteure wettbewerbsrelevante Vorteile bringen. Auch eine Zusammenarbeit auf der Demand-Side im Sinne eines kooperativen Marketings birgt immense Erfolgsreserven. Schließlich verfügt gerade der Brand Manufacturer über umfassende Kompetenzen auf der Demand-Side. Aus Sicht des Brand Manufacturer besteht aber die Gefahr, dass wertvolles Know-how an den Handel „abfließt". Zudem gefährden handelsspezifische Konzepte den einheitlichen Auftritt der Marke und „verwässern" das auf den Endverbraucher ausgerichtete Marketingkonzept. Besonders kritisch beurteilt der Brand Manufacturer eine kooperative Produktentwicklung. So lehnt z.B. die Beiersdorf AG eine Zusammenarbeit in diesem Bereich grundsätzlich ab.

Hersteller des Typs **Channel Manufacturer** verfolgen eine duale Strategie, d.h., sie verknüpfen Elemente der direkten und indirekten Profilierung. So ist der Channel Manufacturer einerseits bestrebt, dem Handelskunden eine umfassende Problemlösung anzubieten. Andererseits betreibt er ein auf den Endverbraucher gerichtetes Marketing. Der Channel Manufacturer verfügt über marktstarke Produkte, die ein gewisses Maß an Consumer-Pull aufweisen, jedoch den A-Brands im Hinblick auf ihr akquisitorisches Potenzial unterlegen sind. Ziel der handelsgerichteten Aktivitäten ist es, eine verbesserte Position der eigenen Produkte beim Handel zu erreichen. So dienen handelsgerichtete Service- und Dienstleistungen[1] u.a. dazu, die Entscheidungstransparenz des Handels zu verbessern.

---

1 Handelsgerichtete Serviceleistungen sind z.B. die Berechnung der Direkten Produktrentabilität (DPR) oder die Anwendung von computergestützten Space Management Tools. Vgl. Laurent, 1996, S. 28 ff.

Implikationen für das Kooperationsmanagement

Als Kooperationspartner für den Channel Manufacturer kommen insbesondere Channel Retailer in Frage. Auch hier sollte eine kooperative Gestaltung der Supply Chain am Anfang der Zusammenarbeit stehen. Die hierbei vergleichsweise rasch erzielbaren Erfolge stiften Motivation, beziehungsintensivere Kooperationen anzugehen. Schliesslich bietet sich für den Channel Manufacturer die Chance, den Einfluss auf Listung und Präsentation der eigenen Produkte am POS auszuweiten. Der Channel Manufacturer richtet seine Leistungen auf einen spezifischen Handelskunden aus und bietet sich somit als kompetenter Partner an. Dies fördert Vertrauen und Offenheit zwischen den Beteiligten. In diesem Zusammenhang spielt auch der pragmatische Umgang mit den Eigenmarken des Handels eine Rolle.

Hersteller des Typs **Private Label Supplier** verfügen über Produkte bzw. Marken mit einem geringen Consumer-Pull. Der Private Label Supplier fokussiert seine Aktivitäten meist auf ein bestimmtes Handelsunternehmen und nimmt weitestgehend eine passive Haltung bei der Gestaltung der Absatzwege ein. Er ist bemüht, sich den Ansprüchen und Forderungen des nachfragemächtigen Handels anzupassen. Ein offensives Reagieren auf die Marketingaktivitäten des Handels ist häufig nicht möglich.

Implikationen für das Kooperationsmanagement

Die Kernkompetenz des Private Label Suppliers besteht in der Produktion von Eigenmarken des Handels. Bei der Zusammenarbeit mit dem Handel stehen produktpolitische Entscheidungen im Mittelpunkt, die der Hersteller nach Maßgabe des Handels trifft. Dabei obliegt es alleine dem Handel, einen Kundenbedarf zu erkennen. Im Extremfall entwickelt der Handel die Produkte selbst. Insbesondere Content Retailer pflegen intensive Geschäftsbeziehungen zu Private Label Suppliern. Kooperative POS-Aktivitäten oder eine gemeinsame Kundenansprache sind nicht sinnvoll. Aus Sicht des Kunden steht das Handelsunternehmen im Blickpunkt. Die Wahrnehmung der Produkte wird direkt mit den Leistungen des Handelsunternehmens in Verbindung gesetzt. Die Vorteile, die sich für die Händler aus der Zusammenarbeit mit Private Label Suppliern ergeben, sind die „Unverwechselbarkeit" aus Sicht der Verbraucher, größere Handelsspannen sowie eine beinahe vollständige Unabhängigkeit gegenüber der Markenartikelindustrie.

3.3 Arvon unterschiedlicher Kooperationsbeziehungen

3.3 Arten unterschiedlicher Kooperationsbeziehungen

Auf Basis der dargestellten Geschäftsmodelle von Industrie und Handel lassen sich neun idealtypische Geschäftsbeziehungen identifizieren. Entsprechend der Darstellungen in den Abschnitten 3.1 und 3.2 bieten sich für die einzelnen Beziehungskonstellationen bestimmte Kooperationsstrategien an. Im Mittelpunkt stehen die spezifischen Kernkompetenzen der Akteure. Je besser sich die Kernkompetenzen von Industrie und Handel ergänzen, umso größer sind die zu erschließenden Erfolgspotenziale. Abbildung 14 deutet die Höhe des Erfolgspotenzials für sämtliche Geschäftsbeziehungen an. Die Einschätzung beruht auf sachlogischen Überlegungen. Demnach weisen die nachfolgend dargestellten Geschäftsbeziehungen das größte Erfolgspotenzial auf:

❑ Content Retailer und Private Label Supplier,

❑ Global Discounter und Private Label Supplier sowie

❑ Channel Retailer und Channel Manufacturer

		Geschäftsmodelle Hersteller		
		Brand Manufacturer	Channel Manufacturer	Private Label Supplier
Geschäftsmodelle Handel	Content Retailer	++	++	+++
	Channel Retailer	++	+++	++
	Global Discounter	+	+	+++

+++ großes Erfolgspotenzial   ++ mittleres Erfolgspotenzial   + geringes Erfolgspotenzial

Abb. 14: Idealtypische Geschäftsbeziehungen und Erfolgspotenziale

Als weiteres Analyseraster für die „Partnerprüfung" eignet sich die Wertschöpfungskette. Jede Verknüpfung von Funktions- und Aufgabenbereichen zwischen Industrie und Handel trägt potenziell dazu bei, eine bewusste Differenzierung gegenüber der Konkurrenz sowie ein Akquisitionspotenzial gegenüber dem Verbraucher zu erreichen. Abbildung 15 beschreibt idealtypisch das Wertsystem von Content Retailer und Private Label Supplier. Eine Zusammenarbeit bietet sich auf der Supply-Side sowie im Bereich der Produktentwicklung an. Doch obliegt es insbesondere dem Content Retailer, marktrelevante Produkt-

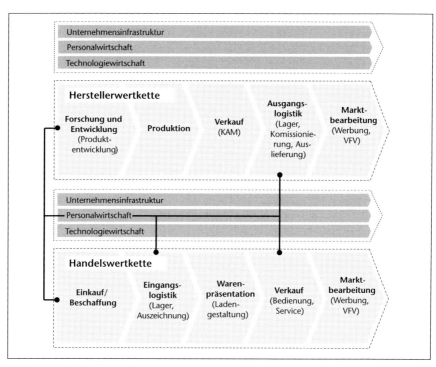

Abb. 15: Kooperationsbeziehung: Content Retailer und Private Label Supplier

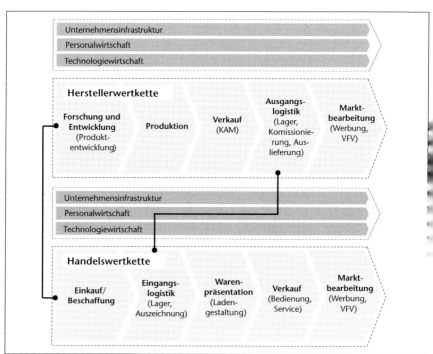

Abb. 16: Kooperationsbeziehung: Global Discounter und Private Label Supplier

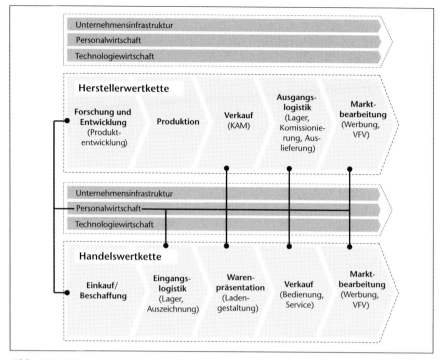

Abb. 17: Kooperationsbeziehung: Channel Retailer und Channel Manufacturer

trends zu identifizieren. In der Regel entwickelt und produziert der Private Label Supplier nach den Vorgaben des Content Retailers, der ein bestimmtes Kundenbedürfnis erkannt hat. Die Kernkompetenzen des Private Label Suppliers beziehen sich auf die physische Produktentwicklung sowie auf die Produktion.

Als Kooperationspartner für den Global Discounter kommt insbesondere der Private Label Supplier in Frage. Für eine kooperative Zusammenarbeit bietet sich eventuell die Entwicklung preisgünstiger Eigenmarken an. Weiterhin ist eine Kooperation auf der Supply-Side denkbar (vgl. Abb. 16).

Entsprechend der Darstellung in Abbildung 17 weist das Wertsystem von Channel Retailer und Channel Manufacturer die meisten Verknüpfungen auf. Demnach empfiehlt sich für beide Akteure eine aktive Kooperationsstrategie. Eine Zusammenarbeit bietet sich sowohl auf der Supply- als auch auf der Demand-Side an. Im Mittelpunkt der Demand-Side-Aktivitäten steht ein kooperatives CM, das darauf abzielt, den Wünschen und Bedürfnissen der Endverbraucher besser zu entsprechen. Dabei weist die Kooperation ein sehr großes Erfolgspotenzial auf. Im Sinne einer Kompetenzpartnerschaft bringen beide Akteure ihre spezifischen Fähigkeiten in kooperative Managementprozesse ein. Die gemeinsame Planung, Steuerung und Kontrolle u.a. von

Sortimenten und Verkaufsförderungsaktionen verspricht eine höhere Leistungsqualität als bei alleiniger Durchführung.

Ausgehend von den Kernkompetenzen weist auch die Geschäftsbeziehung zwischen Channel Retailer und Brand Manufacturer sehr große Erfolgspotenziale auf. Schließlich verfügt gerade der Brand Manufacturer über umfassende Kenntnisse im Bereich der Markenführung. Davon könnte der Channel Retailer im Rahmen seiner Sortimentsgestaltung profitieren. Doch verfolgen Brand Manufacturer meist eine selektive Kooperationsstrategie, d.h., sie lehnen eine Zusammenarbeit bezogen auf sensible Geschäftsprozesse ab. Dabei spielen taktische Überlegungen bei der Ausgestaltung von Kooperationen eine große Rolle. Kooperationstaktiken basieren u.a. auf der zugrunde liegenden Machtverteilung, die im Folgenden näher analysiert wird.

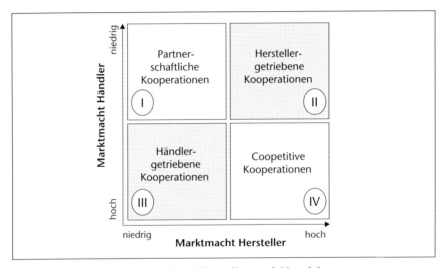

Abb. 18: Kooperation zwischen Hersteller und Handel unter Berücksichtigung der zugrunde liegenden Machtverteilung, Quelle: in Anlehnung an Meffert, 1999, S. 418

In den bisherigen Ausführungen wurde der Aspekt der Machtverteilung nur indirekt angesprochen. So kann unterstellt werden, dass der Content Retailer in Zusammenarbeit mit dem Private Label Supplier ein gewisses Machtpotenzial aufweist. Ebenso verhält es sich mit dem Brand Manufacturer, auf dessen Produkte insbesondere der Channel Retailer im Rahmen seines Sortiments nicht verzichten kann. So hängt die von Herstellern und Händlern gewählte Verhaltensstrategie entscheidend von der Machtverteilung im Absatzkanal ab (vgl. Meffert, 1999, S. 417 ff.). Es kann in diesem Zusammenhang davon ausgegangen werden, dass ein Unternehmen mit zunehmender Marktmacht sein Verhalten von der Anpassung über Kooperation und angedachter Umgehung hin zur Konfrontation verändert. Die nachfolgende Abbildung verdeutlicht die daraus resultierenden Grundformen der Kooperation zwischen Herstellern und Händlern.

Auf der Grundlage der Machtverteilung und der verfolgten Strategien beschreibt Quadrant II die Marketingführerschaft der Hersteller. Hier finden sich insbesondere Hersteller des Typs Brand Manufacturer. Hersteller dieses Quadranten verfügen über die Möglichkeit der Umgehung des Handelsunternehmens. Aus diesem Grunde können es sich diese Hersteller leisten, bei Interessenkonflikten eine Konfrontationsstrategie zu verfolgen. Der Handel ist zu einer kooperativen Grundhaltung gezwungen.

Quadrant III steht dagegen für eine dominante Position des Handels. Dabei hat der Handel gerade im Umgang mit kleineren Herstellern die Marketingführerschaft im Absatzkanal inne. Die Ursachen möglicher Nachfragemacht hat Ahlert/Borchert (2000, S. 69) anhand einer Nachfragemachtspirale zu visualisieren versucht. Dieses Streben nach der Marketingführerschaft ist insbesondere charakteristisch für den Content Retailer, der in vielen Produktbereichen mit Private Label Suppliern zusammenarbeitet.

Trotz der traditionell bestehenden Konfliktsituation lässt sich eine Bedeutungszunahme kooperativer Geschäftsbeziehungen zwischen Herstellern und Händlern beobachten. Diese Entwicklung ist nicht zuletzt auf das Aufkommen von ECR bzw. CM in der Konsumgüterbranche zurückzuführen. Grundsätzlich kann dabei zwischen zwei Formen in den Quadranten I und IV differenziert werden. In beiden Quadranten ist eine beiderseitige kooperative Grundeinstellung vorhanden.

Im ersten Quadranten besteht zwischen den Beteiligten ein besonderes Abhängigkeitsverhältnis. Dies ist beispielsweise dann der Fall, wenn Hersteller und Händler in einer bestimmten Marktnische aktiv sind (z.B. ökologische Lebensmittel). Dennoch wird eine partnerschaftliche Zusammenarbeit bei einer vielfach konfliktären strategischen Ausrichtung nicht für alle Geschäftsbeziehungen realisierbar sein. So kann man häufig ein Nebeneinander von Kooperation und Konfrontation attestieren (Quadrant IV). Brandenburger/Nalebuff prägten den Begriff der Coopetition (vgl. Brandenburger/Nalebuff, 1996). Trotz der Gegensätze haben die Akteure erkannt, dass die Optimierung der eigenen Ziele nur über eine Optimierung des Gesamtsystems möglich ist. Am wahrscheinlichsten ist eine solche Konstellation für die Geschäftsbeziehung von Channel Retailer und Channel Manufacturer. Partnerschaftliche sowie selektiv-kooperative Hersteller-Handels-Beziehungen (Coopetition) sind Auslöser eines Paradigmawechsels vom bislang vorherrschenden Beeinflussungsmanagement hin zum Relationship Management.

4 Kooperative ECR-Konzepte zur Steigerung der Effizienz und Effektivität im Absatzkanal

4.1 Konzept 1: Kooperatives Supply Chain Management

4.1.1 Grundlagen

Entsprechend dem Paradigma des ECR-Ansatzes besteht die oberste Zielsetzung kooperativer, logistischer Aktivitäten darin, einen höheren Kundennutzen zu generieren. Dies setzt die Koordination der Daten- und Informationsströme von Hersteller und Handel voraus, was letztlich effiziente Arbeitsabläufe und -strukturen unterstützt. An dieser Stelle soll allerdings betont werden, dass effiziente, logistische Abläufe und Prozeduren nur mittelbar am Kundennutzen ansetzen. Logistische Prozesse entziehen sich der direkten Kundenwahrnehmung. Der Kunde registriert ausschließlich die Leistungsmerkmale am POS (z.B. Out-of-Stock-Situationen). Von besonderer Bedeutung ist der Umstand, dass Einsparungen in der Logistik über den Verkaufspreis an den Kunden weitergegeben werden können.

Auf der Supply-Side dominiert im Rahmen des ECR-Konzepts die Basisstrategie des Efficient Replenishments. Die Zielsetzung besteht darin, den gesamten Warenfluss im Sinne einer ganzheitlichen Logistikkonzeption zu optimieren. Efficient Replenishment zielt darauf ab, Vorratsbestände und Bestellmengen zu verringern sowie Lagerstufen und Verkaufsstellen im Sinne einer Just-in-Time-Konzeption zeitnah zu versorgen. Verbesserungen beziehen sich im Einzelnen auf (vgl. Wiese, 1996, S. 44):

❏ Bestandsreduzierung in Warenlagern und Filialen,

❏ optimierten Einsatz von Transportkapazitäten,

❏ Reduzierung von Vorlauf- bzw. Prozesszeiten und -aufwand,

❏ Verbesserung der Produktverfügbarkeit am Point of Sale.

4.1.2 Methoden der Beschaffungslogistik

Grundsätzlich bieten sich für den Entwurf einer ganzheitlichen Logistikkonzeption die folgenden Methoden an (vgl. Kloth, 1999, S. 47):

❏ Streckenbezug,

❏ Zentrallager,

❏ Transit,

❏ Cross Docking und

❏ Regionallager.

Die genannten Methoden werden in der Unternehmenspraxis häufig parallel angewendet.

Beim **Streckenbezug** erfolgt eine Direktbelieferung der einzelnen Verkaufsstellen durch volumenstarke Hersteller (Direct Store Delivery). Der Streckenbezug eignet sich insbesondere für die Anlieferung von schnelldrehender Ware bei großflächigen Vertriebstypen (z.b. SB-Warenhäusern). Die zentrale Herausforderung liegt in der Tourenplanung. Dabei gilt es, die Direktbelieferungen einzelner Hersteller sowie sonstige Anlieferungen zu bündeln und zu koordinieren. Anlieferzeitpunkte müssen beispielsweise mit der Personaleinsatzplanung in der Verkaufsstelle abgestimmt sein, so dass Wartezeiten an den Rampen sowie Engpässe im Verkauf vermieden werden.

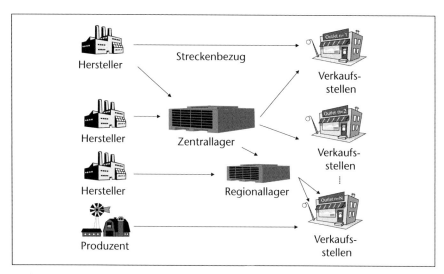

Abb. 19: Ansätze zur Belieferung von Verkaufsstellen,
Quelle: in Anlehnung an Safeway, 1999

In der Lagerwirtschaft geht der Handel zunehmend dazu über, eigene **Zentrallager** aufzubauen. So richten Unternehmen, wie Wal-Mart (Deutschland) oder Globus (St. Wendel), Zentrallager als Logistikplattformen ein. Dabei wird eine bestandsarme bis hin zu einer bestandslosen Lagerhaltung angestrebt. Im Rahmen des Efficient Replenishments kommen insbesondere die beiden Methoden Transit und Cross Docking zum Einsatz (vgl. Linnemann, 1999, S. 107 ff.). **Transit** auf Zentrallagerstufe basiert auf einem bestandslosen Lagerbereich. Dabei werden sortenreine Waren der Hersteller, z.B. Aktions- oder Saisonware, bzw. bereits vorkommissionierte Waren ohne jede Manipulation durch das Lager „durchgeschleust" und auf die einzelnen Verkaufsstellen verteilt. Auch beim **Cross Docking** werden keine Warenbestände auf Zentrallagerstufe gehalten. Es erfolgt jedoch eine so genannte Feinkommissionierung. Um einen effizienten Warenfluss auf der Grundlage von Transit und Cross Docking zu gewährleisten, ist eine branchenweite Harmonisierung von Verpackungen, Paletten und anderen Transportbehältnissen notwendig. „Im Rahmen des Efficient Replenishment zeichnet sich der Trend ab, dass der Handel repetitive Aufgaben an die Industrie delegiert." (Abraham, Karstadt AG.). Dies führt so weit, dass Hersteller die Bestände im Zentrallager des Handels in eigener Verantwortung disponieren. Dieses so genannte Vendor Managed Inventory scheint in der Praxis weitestgehend unproblematisch. „Als Logistikpartner kommen für den Handel aber nur solche Hersteller in Frage, die über ein umfassendes logistisches Know-how verfügen und dieses bereits über einen längeren Zeitraum unter Beweis gestellt haben." (Kolodziej, dm-drogerie markt GmbH & Co. KG.). Vendor Managed Inventory ist auch ohne Cross Docking möglich, aber wenig sinnvoll, da der Hersteller ansonsten zusätzliche Lagerbestände aufbauen müsste.

Der Aufbau eines **Regionallagers** ist insbesondere dann sinnvoll, wenn die Schnelligkeit einer Lieferung von besonderer Bedeutung ist, wie z.B. bei Frischwaren, oder wenn die Entfernungen des Zentrallagers zu den einzelnen Verkaufsregionen zu groß sind.

Fallbeispiel 1: „Neues" Logistikkonzept bei Globus St. Wendel (vgl. Hanke, 1999, Logistikzentrum, S. 37)

Lange LKW-Staus, hohe Bestände in den SB-Warenhäusern, ständig wachsende Lagerflächen und die Anmietung von Außenlagern kennzeichneten die logistischen Abläufe von Globus St. Wendel. Das Management von Globus St. Wendel erkannte einen Handlungsbedarf und formulierte das anspruchsvolle Ziel: „Unsere Logistik sichert uns den kostengünstigsten Weg der Ware in die Regale." Zentraler Ansatzpunkt war der Bau eines modernen Logistikzentrums in Bingen. Damit verabschiedete sich Globus von der bis dahin vorherrschenden Streckenbelieferung der Filialen.

Die „neue" Logistikkonzeption von Globus entspricht den Anforderungen eines effizient gesteuerten Warenflussmanagements. Wichtige Ansatzpunkte sind Zentrallager sowie Transit und Cross Docking. Beim Transit wird die von der Industrie vorkommissionierte Ware durch das Zentrallager „geschleust" und an die einzelnen Verkaufsstellen distribuiert. Mit Cross Docking ist ein weitestgehend bestandsloses Lager angesprochen. Ankommende Ware wird kommissioniert und direkt an die Verkaufsstellen verteilt.

4.1.3 Berücksichtigung von Abnahmeprognosen

Grundlage für einen effizienten Einsatz oben aufgezeigter Methoden ist die Übermittlung elektronisch erfasster Abverkaufszahlen auf Basis eines Computer Assisted Ordering (vgl. Ahlert/Borchert, 2000, S. 84). Via Softwareeinsatz werden diese auf Filial-, Zentral- oder Herstellerebene in Bestellvorschläge umgesetzt. Im Rahmen des Computer Assisted Ordering lassen sich drei Formen unterscheiden (vgl. Vahrenkamp, 1997, S. 26 f.). In einer Grundform werden die Nachbestellungen vom Handel per EDI an den Hersteller übermittelt. In einer zweiten Variante stellt der Handel Lagerbestands- und -abgangsdaten per EDI dem Hersteller zur Verfügung. Der Hersteller übermittelt seinerseits einen Bestellvorschlag per EDI an den Handel. In der dritten Variante übernimmt der Hersteller die komplette Bestellabwicklung per EDI ohne jede Einflussnahme durch den Handel.

Fallbeispiel 2: Vendor Managed Inventory bei KG Dortmund-Kassel (vgl. Biehl, 1997, S. 38)

Bereits im Jahre 1994 installierte die KG Dortmund-Kassel gemeinsam mit der Henkel KGaA ein Quick-Response-System. Grundlage war ein bilateraler Datenaustausch. Während die KG Dortmund-Kassel Bestands- und Ausgangsdaten an Henkel transferierte, übermittelte Henkel Bestellvorschläge. Dieser Datentransfer wurde 1997 auf EANCOM Standards umgestellt.

Heute betreibt die KG Dortmund-Kassel ein professionelles Vendor Managed Inventory. Dabei übernehmen ausgewählte Hersteller die volle Verantwortung für das Bestandsmanagement im Zentrallager. Die Grundlage bildet ein „Forecast-System", das Vorschläge für Bestellmengen und Lieferzeiten generiert. Im Mittelpunkt steht die Analyse einzelner Artikel im Hinblick auf Bestandsmengen, -wert und -reichweite. Auf dieser Basis konnten Produkte mit zu langer Bestandsreichweite identifiziert werden. Dies geschah nicht immer zur Freude des Einkaufs, der sich häufig auf die „großen" Spannen dieser günstig eingekauften Übermengen berief.

Unabhängig von den eingesetzten Methoden erreicht das Efficient Replenishment eine höhere Professionalitätsstufe, wenn Abnahmeprognosen in die Bestellmengenübermittlung integriert werden. Ein „neuer" Ansatz im Rahmen des Efficient Replenishments ist das Collaborative Planning, Forecasting and Replenishment (CPFR) (vgl. Rode, 1999, S. 50 f.). Im Mittelpunkt steht das Streben, Regallücken noch weiter zu reduzieren und die Lagerkosten entlang der Wertkette noch deutlicher zu senken. Das neue Schlagwort stammt aus den USA und wurde von Wal-Mart, Kmart sowie von Procter & Gamble und Nabisco initiiert (vgl. Biehl, 1999, S. 13). Dreyer, Vizepräsident ECR bei Procter & Gamble Worldwide, sieht weniger eine Revolution als „[...] die natürliche Evolution von dem, was wir mit Efficient Replenishment begonnen haben". (Drayer, zitiert nach Rode, 1999, CPFR, S. 50.) Im Mittelpunkt des CPFR steht das Ermitteln und der Umgang mit geplanten Abverkaufszahlen. Die gemeinsame Planung von Hersteller und Handel im Rahmen des CPFR reicht von der Produktion bis hin zur Regalbestückung. Ziel ist es, die Prognosegenauigkeit der Abnahmemengen zu verbessern. Die bislang mangelhafte Planungsgüte der Abnahmedaten beruhe auf der Tatsache, dass sie meist von Herstellern auf der Basis von Algorithmen und historischen Verkaufsdaten prognostiziert werden. Realitätsnahe Prognosen müssten dagegen vom Händler kommen. Das folgende Fallbeispiel verdeutlicht das Vorgehen bei der Erstellung von Abnahmeprognosen durch ein Handelsunternehmen.

Fallbeispiel 3: Erstellung von Abnahmeprognosen bei dm-drogerie markt (Kolodziej und Schäfer, dm-drogerie markt GmbH & Co. KG.)

dm-drogerie markt bietet Herstellern zur Unterstützung ihrer Produktionsplanung und -steuerung eine Prognose ihrer Abnahmemengen an. Hierzu setzt dm eine eigens entwickelte Prognoserechnung ein, die auf den folgenden Wochendaten basiert:

❑ Warenausgangsmengen des dm-Verteilzentrums an die Filialen

❑ mittlerer Bestand des dm-Verteilzentrums

❑ bisherige Auftragsmengen des dm-Verteilzentrums an den jeweiligen Hersteller

Aus den Wochendaten prognostiziert dm-drogerie markt die Abnahmemengen des Verteilzentrums über einen zukünftigen Zeitraum von bis zu 16 Wochen. Dabei werden Zahlen und Grafiken übermittelt, so dass Hersteller die erforderliche Monatsproduktion ablesen können. Ausgangspunkt ist der notwenige Bestand im dm-Verteilzentrum, wobei ein Lieferservicegrad von 95 Prozent zugrunde gelegt wird.

Die Initiatoren des CPFR-Ansatzes haben ein Neun-Schritte-Modell entwickelt, das die Aufgaben von Hersteller und Handel bei dem gemeinsamen Planungsprozess beschreibt. Auf eine detaillierte Beschreibung der Phasenschritte wird aus Raumgründen verzichtet.

Zusammenfassend bleibt festzuhalten, dass die Strategie des Efficient Replenishments Hersteller und Händler auffordert, über die grundsätzliche Arbeitsteilung entlang der Versorgungskette nachzudenken. Eine veränderte Arbeitsteilung innerhalb einer Hersteller-Handels-Dyade löst aber nicht zwangsläufig die Schnittstellenproblematik. Um eine Gesamtoptimierung zu erreichen, ist es oftmals notwendig, auch mit Konkurrenten zusammenzuarbeiten.

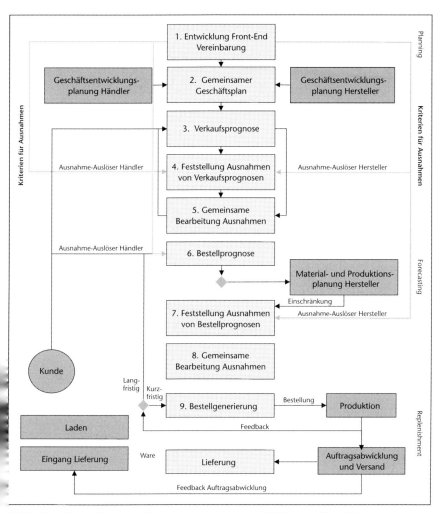

Abb. 20: Neun-Schritte-Planungsprozess des CPFR, Quelle: Voluntary Interindustry Commerce Standards Association, 1999, S. 50

Fallbeispiel 4: Horizontale Logistikkooperation auf Handelsseite (vgl. Hillemeyer, 1998, S. 51)

Die Markant Handels und Service GmbH gründete gemeinsam mit Dohle, Frey & Kissel, Georg Jos. Kaes, Lupus, Hamberger sowie Okle die Logistikinitiative MLOGIN. Der Grund für die Kooperation liegt darin, dass die Direktbelieferung von Kleinsendungen sehr kostenintensiv ist, zu Engpässen an den Handelsrampen führt und meist keine optimale Ausnutzung des Frachtraums in den LKWs möglich ist. So besteht der Hauptzweck der horizontalen Kooperation darin, eine kritische Masse im Sinne einer optimalen Bündelung des gemeinsamen Frachtaufkommens zu erreichen.

MLOGIN führt nach der Bestellung der einzelnen Bezugspunkte eine Bestelloptimierung durch und löst bei den Herstellern eine Sammelbestellung aus. Innerhalb von 24 Stunden soll die Ware durch einen gemeinsam ausgesuchten Logistikdienstleister kommissioniert und zugestellt werden. Dabei hat sich die Initiative für ein Transitsystem entschieden. Da ein Transitsystem eine extrem hohe Präzision und zeitkritische Abwicklung voraussetzt, wurden mit den Herstellern feste Zeitfenster vereinbart.

Die horizontale Kooperation dient dazu, eine reibungslose, kostengünstige und schnelle Versorgung der Handelsunternehmen zu gewährleisten. Das gemeinsame Interesse richtet sich ausschließlich auf logistische Aktivitäten. Listungsentscheide oder Aspekte der Sortimentgestaltung stehen nicht im Blickpunkt.

Die Definition der Kernkompetenz „Logistik" und die daraus abzuleitenden Kernaktivitäten sind insbesondere von dem zugrunde liegenden Geschäftsmodell abhängig. Gerade für Global Discounter und für Content Retailer scheint es ratsam, die Rolle des „supply chain captain" zu übernehmen, d.h. logistische Aktivitäten selbst zu planen, zu steuern und zu kontrollieren. Nur so ist eine größtmögliche Einflussnahme und Flexibilität bei der Gestaltung logistischer Prozesse gewährleistet. Neuerdings holen diverse Handelsunternehmen die Waren sogar selbst bei den Herstellern ab (vgl. Fallbeispiel 5).

4.2 Konzept 2: Kooperatives Information Management ___

4.2.1 Grundlagen

Informationen bestehen aus einzelnen Zeichen oder Signalen. Werden diese in eine bestimmte Ordnung gebracht (Syntax), entstehen Nachrichten oder Daten. Der Austausch von Informationen wird als Kommunikation bezeichnet.

Abb. 21: Informationen als Basis kooperativer Aktivitäten

Jede betriebswirtschaftliche Problemstellung basiert auf vorhandenen Informationen. Sie verlangt die Beschaffung, Verarbeitung und Verwendung adäquater Informationen. NIKT helfen, die Aufgaben der Informationsgewinnung, z.B. Scannerdaten am POS, sowie die der Informationsverteilung, z.B. EDI oder Intranet, und -aufbereitung, z.B. Management-Support-Systeme, effizienter zu bewältigen.

Kooperative ECR-Aktivitäten setzen den Austausch von Informationen zwischen Industrie und Handel voraus, welche kooperative Aktivitäten auf der Supply-Side und auf der Demand-Side unterstützen. Der Informationsbedarf lässt sich teilweise aus dem Informationsstand befriedigen, der bei Industrie und Handel ohnehin besteht. In diesen Fällen hat die Informationsversorgung den Charakter einer veränderten Informationskoordination. Aufgrund des hohen Planungsanteils und der damit verbundenen zukunftsgerichteten Perspektive besteht bei CM-Kooperationen die Notwendigkeit, zusätzliche Informationen zu erheben. Abbildung 22 verdeutlicht den CM-Informationsbedarf aus Sicht der Hersteller. Es gilt über den Endverbraucher und sein Verhalten zusätzliche Informationen zu erheben.

Category/Markt		• Umsatz und Absatzmenge der jeweiligen Warengruppe • Wachstumspotenziale der jeweiligen Warengruppe bzw. der enthaltenen Artikel • Allgemeine Markttrends bzw. Marktentwicklungen • Zusammensetzung der Warengruppe (Untergruppen, Marken, Artikel)
	Endverbraucher	• Informationen über Zielgruppenprofile (Kaufverhalten, Markentreue, demographische und sozioökonomische Eigenschaften, Lifestyle-Typologien etc.) • Demographische Entwicklungen • Verbraucherbedürfnisse • Informationen über mikrogeographische Strukturen
	Handel	• Informationen über handelsindividuelle Vertriebs- und Marketingkonzepte • Informationen über Kostenstrukturen im Handel (z.B. DPR) • Marktstellung des Handelsunternehmens • Ein- und Verkaufspreise und Verkaufsmengen • Scannerabsatzzahlen • Marktstellung der Wettbewerber und Art des Einsatzes absatzpolitischer Instrumente
	Wettbewerber	• Marktstellung der Wettbewerber und Art des Einsatzes absatzpolitischer Instrumente
Wirkung absatzpolitischer Maßnahmen		• Informationen über die Wirkung von Sortiments- und Preisänderungen, VKF-Maßnahmen, „klassische" Werbung

Die Zellen "Endverbraucher", "Handel" und "Wettbewerber" sind unter "Marktteilnehmer" zusammengefasst.

Abb. 22: Relevante CM-Informationen aus Sicht der Hersteller, Quelle: Hahne, 1998, S. 115

4.2.2 Informationserhebung und -übermittlung auf Basis von NIKT

NIKT verändern die Austauschprozesse zwischen Hersteller und Handel grundlegend. Positive Effekte ergeben sich aus der Nutzung gemeinsamer Datenbestände, abgestimmter Kommunikationsstrukturen und der Automatisierung administrativer Abläufe. Sie führen zu einem beschleunigten Informationsfluss und reduzieren Kosten bei der Vorgangsbearbeitung.

Informationserhebung mittels Scannertechnologie

Für Hersteller und Händler ist die maschinelle Datenerfassung von Abverkaufszahlen am Point of Sale (POS) mittels Scannerkassen, mobilen Datenerfassungsgeräten (MDE) und Formularlesegeräten der erste Schritt in einen geschlossenen Kommunikationskreislauf, bevor via Datenfernübertragung (DFÜ) und Electronic Data Interchange (EDI) der Transfer an andere Datenverarbeitungsanlagen zur weiteren Bearbeitung erfolgt.

Scanning ist die Basistechnologie für die Verkaufsdatenerfassung am Point of Sale (POS). Mittels Scannerkassen werden Abverkäufe und Umsätze, die für zahlreiche Managemententscheidungen ausgewertet werden können, erfasst. An den Scannerkassen wird mit Lichtschrift oder über einen Leseschlitz im Kassentisch der Balkencode eines verkauften Gutes abgetastet. Die Erfassung der Daten erfolgt artikelspezifisch. Voraussetzung für das Scanning sind Nummerierungssysteme zur Artikelidentifikation, insbesondere die internationale Norm EAN. Unter der für jedes Produkt individuell vergebenen, i.d.R. 13-stelligen Artikelnummer, können Informationen, wie Produktbezeichnung, Farbe, Packungsgröße und Preis, abgerufen werden (vgl. Tietz, 1993, S. 1027 ff.).

Auf Basis des Scannings lassen sich detaillierte Analysen durchführen. Die Produkte, die zusammen den Einkaufskorb eines Kunden bilden, können im Hinblick auf mögliche Nachfrageverbunde untersucht werden. Gibt der Kunde bei jedem Einkauf seine Kundennummer an – beispielsweise beim Gebrauch einer Kundenkarte –, lassen sich neben zeitpunktbezogenen Einflüssen, z.B. Kauf eines Produktes gemeinsam mit einem Sonderangebotsartikel, auch zeitraumbezogene Verbundbeziehungen, beispielsweise die Markentreue, ermitteln. Durch Scanning gewinnt der Handel Transparenz über artikel- und herstellerbezogene Warenbewegungen und damit auch über die Marktstärke der Produkte eines Herstellers.

Informationsübermittlung via EDI

Die Instrumente zur Informationsübermittlung umfassen Telekommunikationsnetze, -dienste und -geräte. Telekommunikationsnetze bilden im Rahmen der Informationsübermittlung die Infrastruktur. Sie sind quasi die technischen Kanäle, über die Sender und Empfänger verbunden sind. Entsprechend ihrer Trägerschaft können Netze in private, so genannte Local Area Networks (LAN), und öffentliche, Wide Area Networks (WAN), unterteilt werden (vgl. Bruhn/Weber, 1997, S. 403).

Für den unternehmensübergreifenden Daten- und Informationsaustausch setzen sich zunehmend internationale Standards durch, die eine elektronische Kommunikation und einen beleglosen Daten- und Informationstransfer zwischen den Informationssystemen von Unternehmen ermöglichen. Eine Form der Informationsübermittlung, die zunehmend an Bedeutung gewinnt, ist der überbetriebliche Geschäftsdatenaustausch auf der Grundlage von EDI. Stahlknecht definiert EDI als den Austausch von strukturierten Daten zwischen zwei oder mehreren rechtlich selbstständigen Unternehmen (vgl. Stahlknecht, 1989, S. 355). Die Vorteile von EDI liegen in der schnelleren Verfügbarkeit von Informationen, in der Vermeidung von redundanter Mehrfacherfassung sowie in einer effizienteren Bearbeitung von Daten.

> **Fallbeispiel 5: Verwendungsgrad des EDI bei Wal-Mart (vgl. Rode, 1998, Wal-Mart, S. 48)**
>
> Wal-Mart kommuniziert mit mehr als 8.000 Lieferanten per EDI. 93 Prozent der Bestellungen und 85 Prozent der Rechnungen wurden 1998 per EDI abgewickelt. Seit März 1999 arbeitet Wal-Mart mit Internet-EDI.

Voraussetzung für den elektronischen Datenaustausch sind einheitlich definierte Datenaustauschformate (vgl. Krieger, 1995, S. 45). Hier sind bilaterale Absprachen jeweils zwischen einem Hersteller und einem Händler wenig sinnvoll. Aus diesem Grunde wurden Regelwerke, so genannte Datenformatstandards, als Grundlage für das EDI definiert. So bestehen mit EDIFACT international einheitliche branchenübergreifende Formate des papierlosen Austauschs von Dokumenten in Produktion, Verwaltung und Logistik.[1]

Die nachfolgende Abbildung 23 stellt exemplarisch ausgewählte Nachrichtenarten bei der Kommunikation zwischen Herstellern und Händlern dar.

---

1   Dabei handelt es sich insbesondere um Warenbestellungen, Rechnungen, Produktdaten, POS- und Lagerbestandsdaten sowie um Absatzprognosen.

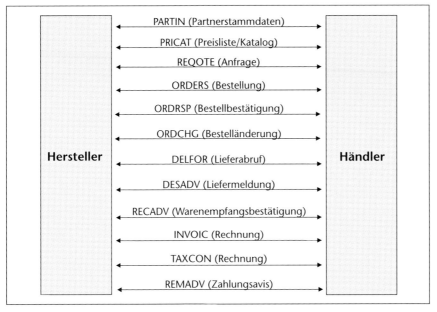

Abb. 23: Ausgewählte Nachrichtenarten des EDIFACT-Subsets EANCOM,
Quelle: Eierhoff, 2000, S. 250; Kloth, 1999, S. 97

Aktuell sind viele Unternehmen bestrebt, das Internet als Plattform für die wirtschaftsstufenübergreifende, elektronische Kommunikation zu etablieren. Die Vorteile liegen in einer zeitnahen und kostengünstigen Kommunikationsanbindung mit enger Vernetzung und hoher Verbindungsdichte. Somit können auch kurzfristige Transaktionen unter Einsatz von EDI problemlos abgewickelt werden. Dies eröffnet insbesondere „kleineren Akteuren die Möglichkeit, am Spiel der Großen teilzuhaben" (Müller, Douglas Holding AG.). So ist es z.B. möglich – meist in Zusammenarbeit mit Logistikdienstleistern –, Warensendungen „online" im Internet zu verfolgen (Tracking) sowie steuernd und regulierend in einen bereits gestarteten Transportvorgang einzugreifen (Interactive-Tracking, Tracing).

4.2.3 Handelsinformationssysteme (HIS)

4.2.3.1 Aufbau eines HIS

Ein HIS eignet sich als Plattform für ein kooperatives Information Management. Dies liegt im Informationsvorsprung des Handels begründet, der insbesondere auf modernen Warenwirtschaftssystemen beruht. Hersteller sind auf eine kooperative Nutzung von Daten und Informationen des Handels angewiesen.

HIS bestehen aus verschiedenen Ebenen, deren höchste die Informations- und Planungsebene ist. Hier werden die in den operativen Systemen gewonnenen Rohdaten als auch von außen importierte Daten aufbereitet. Dabei gilt es, eine optimale Informationsversorgung der Führungs- und Managementkräfte sicherzustellen. Diese Aufgabe übernehmen Management-Support-Systeme (MSS), die dem Entscheider die benötigten Informationen zum richtigen Zeitpunkt in adäquater Form zur Verfügung stellen. MSS sollen helfen, schneller, besser und gezielter zu informieren. Heute basieren MSS in der Regel auf einem Data Warehouse.

Im Folgenden unterscheiden wir die vier Basiskomponenten eines HIS (nach Kloth, 1999, S. 82 ff.):

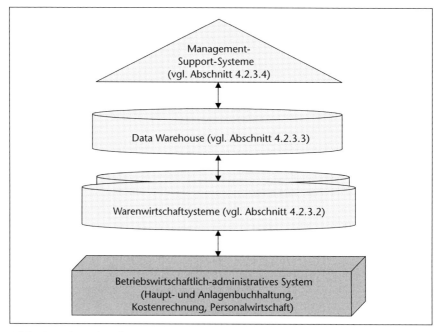

Abb. 24: Grundaufbau eines HIS, Quelle: Kloth, 1999, S. 82

Grundbaustein eines HIS ist das betriebswirtschaftlich-administrative System bestehend aus Kostenrechnung, Personalwirtschaft sowie Haupt- und Anlagenbuchhaltung. Da das betriebswirtschaftlich-administrative System nicht im Mittelpunkt einer kooperativen Informationslogistik zwischen Hersteller und Handel steht, wird an dieser Stelle auf eine detaillierte Darstellung verzichtet. Auf die anderen Bausteine wird im Folgenden näher eingegangen.

4.2.3.2 Warenwirtschaftssysteme (WWS) als Basiskomponente

In der Zusammenarbeit von Industrie und Handel ist die Warenwirtschaft von besonderer Bedeutung. Nach Ahlert bildet sie das „Herzstück" des Handelsmanagements und des stufenübergreifenden Wertschöpfungsprozesses (vgl. Ahlert, 1998, S. 25). Die Warenwirtschaft umfasst sämtliche Aktivitäten im Zusammenhang mit der Ware sowie die auf den Waren-

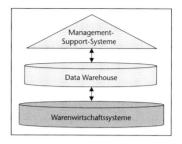

prozess gerichteten Managementtätigkeiten. Somit sind die Aufgaben der Warenwirtschaft primär der Supply-Side zuzuordnen. Die wichtigste Aufgabe von WWS ist die Unterstützung der folgenden Geschäftsprozesse (vgl. Zentes, 1992, S. 1285):

❏ Disposition

❏ Bestellwesen

❏ Wareneingangserfassung

❏ Rechnungskontrolle

❏ Warenausgangserfassung

❏ Kassenabwicklung und

❏ Bereitstellung von Steuerinformationen für die Gestaltung von Geschäftsprozessen

Warenwirtschaftssysteme lassen sich grundsätzlich in **offene** und **geschlossene** Systeme einteilen. Im Rahmen von **offenen Warenwirtschaftssystemen** werden warenbezogene Informationen meist nur partiell erhoben. Dabei kommen häufig inkompatible Softwareprogramme zum Einsatz, was den inner- und außerbetrieblichen Datenausgleich erheblich erschwert. Aufgrund der unzureichenden Harmonisierung der Schnittstellen müssen Daten teilweise mehrfach erfasst werden. Dadurch steigen Zeitaufwand und Fehlerhäufigkeit. **Geschlossene Warenwirtschaftssysteme** sind dadurch gekennzeichnet, dass der gesamte physische Warenfluss von der Disposition bis zum Warenausgang wert- und mengenmäßig erfasst ist. In ihrer höchsten Stufe überwindet die Datenverarbeitung die Unternehmensgrenzen und bindet externe Geschäftspartner, insbesondere Hersteller, in das Warenwirtschaftssystem ein.

Hersteller sind im Rahmen von ECR-Kooperationen auf eine kooperative Nutzung der Datenbestände angewiesen. Von besonderem Interesse aus Sicht der Industrie sind die Abverkaufszahlen, die Grundlage für kooperative Supply-Side- und Demand-Side-Projekte sind. Im Folgenden werden Ergebnisse der empirischen Studie zur Bedeutung der Abverkaufsdaten aus der Sicht von Hersteller und Handel dargestellt.

Für Hersteller sind Abverkaufszahlen insbesondere für die Aufgaben der Regaloptimierung, für Produktneueinführungen sowie für die Aktionsplanung und -analyse wichtig.

Fallbeispiel 6: Zugriff auf Abverkaufszahlen bei Tesco (vgl. Rode, 1998, Revolution, S. 48)

Tesco gewährt ausgewählten Herstellern einen direkten Zugriff auf die Abverkaufsdaten. Das „Tesco Information Exchange", ein Extranet zwischen Tesco und zunächst sieben Herstellern, unterstützt insbesondere ECR-Aktivitäten. Neben Nestlé beteiligten sich Procter & Gamble und CCSB (Coca-Cola & Schweppes Beverages), St. Ivel (Milchprodukte) und Britvic (Getränke) als große nationale Hersteller sowie zwei kleine Unternehmen (St. Merryn Meats und Kingcup Mushrooms) an der Pilotphase im Jahre 1998. Prinzipiell besteht jedoch die Absicht, das System offen zu gestalten, d.h., es sollten möglichst viele Hersteller einbezogen werden.

Ausgewählte Mitarbeiter der Hersteller erhalten nach Eingabe einer persönlichen PIN Zugriff auf tagesaktuelle Abverkaufsdaten. So ist es beispielsweise bei Verkaufsförderungsaktionen möglich, Absatzprognosen und tatsächliche Abverkäufe – bereits ab dem ersten Tag – zu vergleichen und, falls notwendig, regulierend in die Nachbelieferung einzugreifen. Ebenfalls zeigt das System, welcher Verkaufsförderungsdiscount vereinbart wurde, wie hoch die Marge während der Verkaufsförderungsaktion und regulär ausfällt sowie welche Auswirkungen die Verkaufsförderungsaktion auf den Gewinn von Tesco hat.

Für den Handel sind die Abverkaufszahlen insbesondere für die Gestaltung der Warenwirtschaft von Bedeutung. Hier bestehen signifikante Unterschiede in der Einschätzung durch Industrie und Handel. Auf Basis aktueller Abverkaufszahlen lassen sich exaktere Absatzprognosen errechnen. Als Konsequenz lassen sich beispielsweise die Bestände in Lagern und Verkaufsstellen reduzieren. Bereits geringe Effizienzsteigerungen in der Warenwirtschaft können das Unternehmensergebnis wesentlich verbessern. Aufgrund „diabolischer Preiskämpfe" und geringer Margen sind derartige Einsparungspotenziale für den Handel wichtiger denn je.

Weniger wichtig für Hersteller und Handel sind die Abverkaufszahlen für die Warenkorbanalyse sowie für das Direct Marketing. Expertengespräche offenbarten, dass insbesondere technische, aber auch organisatorische Hemmnisse eine solche Verwendung der Abverkaufszahlen beeinträchtigen. In der Zukunft werden die genannten Aufgaben wahrscheinlich an Bedeutung gewinnen.

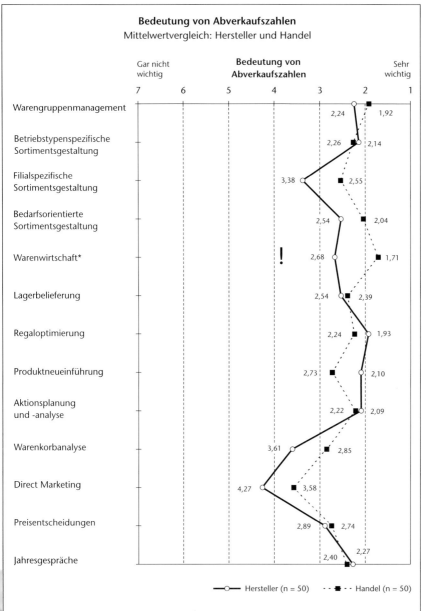

Bedeutung von Abverkaufszahlen
Mittelwertvergleich: Hersteller und Handel

	Gar nicht wichtig		**Bedeutung von Abverkaufszahlen**			Sehr wichtig
	7	6	5	4	3	2	1

Warengruppenmanagement — 2,24 / 1,92

Betriebstypenspezifische Sortimentsgestaltung — 2,26 / 2,14

Filialspezifische Sortimentsgestaltung — 3,38 / 2,55

Bedarfsorientierte Sortimentsgestaltung — 2,54 / 2,04

Warenwirtschaft* — 2,68 / 1,71

Lagerbelieferung — 2,54 / 2,39

Regaloptimierung — 2,24 / 1,93

Produktneueinführung — 2,73 / 2,10

Aktionsplanung und -analyse — 2,22 / 2,09

Warenkorbanalyse — 3,61 / 2,85

Direct Marketing — 4,27 / 3,58

Preisentscheidungen — 2,89 / 2,74

Jahresgespräche — 2,40 / 2,27

—○— Hersteller (n = 50)   - - ■ - - Handel (n = 50)

* signifikanter Mittelwertunterschied (Signifikant bedeutet, dass sich die Mittelwerte zwischen den beiden Gruppen mit einer Wahrscheinlichkeit von 95 % tatsächlich unterscheiden.)

Lesebeispiel: Für den Handel haben Abverkaufszahlen für die Aufgabe „Warenwirtschaft" eine signifikant höhere Bedeutung als für die Hersteller.

Abb. 25: Bedeutung von Abverkaufszahlen –
Mittelwertvergleich: Hersteller und Handel

4.2.3.3 Informationsverarbeitung auf Basis eines Data Warehouse

Viele Autoren übersetzen den Begriff des Data Warehouse mit einem Datenwarenhaus oder -kaufhaus. Die Daten werden in den operativen Systemen gewonnen und an das Data Warehouse geliefert.

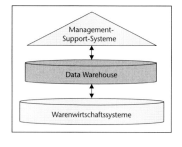

Aktuell sind zahlreiche Handelsunternehmen bestrebt, ein Data Warehouse aufzubauen. Das wohl bekannteste Data Warehouse ist bei Wal-Mart im Einsatz.

Fallbeispiel 7: Das Data Warehouse „Teradata" bei Wal-Mart (vgl. Würmser, 1995, S. 17)

Wal-Mart besitzt wohl das größte und bekannteste Data Warehouse. Es trägt den Namen „Teradata" und enthielt bereits im Jahr 1998 ein Datenvolumen von über 25 Terabyte (25.000 GByte). Täglich bewältigt das Data Warehouse bis zu 20.000 Abfragen. Artikelgenaue Umsätze von rund 65.000 Artikeln werden jeweils 65 Wochen lang gespeichert (vgl. Bertram/Wallner, 1996, S. 84).

Ein Data Warehouse besteht idealtypisch nicht nur aus internen Daten. Vielmehr sind auch externe Daten von Kunden, Marktforschungsinstituten, Herstellern, Logistik- und Finanzdienstleistern enthalten. Für kooperative Demand-Side-Projekte sind insbesondere kundenbezogene Daten von Interesse, die u.a. auf der Basis von **Kundenkarten und Panelforschung** gewonnen werden. Im Rahmen eines kooperativen Vorgehens werden selektierte Daten an Hersteller per Direktzugriff freigegeben.

❑ Die Integration der Kunden durch Kartensysteme erfolgt vornehmlich über die Ausgabe handelseigener Kundenkarten, meist in der Form normierter Plastikkarten mit oder ohne Sonderfunktionen, wie z.B. Zahlungs-, Kredit-, Rabatt- und/oder Clubfunktion. Meist handelt es sich um scannbare Identifikationsbelege (ID-Karten), die insbesondere dazu dienen, Kundenbindung sowie Transparenz bezüglich des Kaufverhaltens und letztlich Umsatzsteigerungen zu erreichen. Der Hauptvorteil von Kundenkarten liegt in der Gewinnung von personen- bzw. haushaltsspezifischen Daten. Diese können für ein konsequentes Zielgruppenmarketing genutzt werden. Jedoch lassen sich qualitative Daten, z.B. Kaufmotive, Lebensstile oder Einstellungen, nicht durch Kundenkarten erheben. Zu diesem Zwecke sind psychographische Untersuchungen in Form von Befragungen erforderlich.

❑ Bei der Panelforschung handelt es sich um Erhebungen, die in einem gleich bleibenden Kreis von Adressaten in regelmäßigen Abständen und zum gleichen Untersuchungsobjekt vollzogen werden (vgl. Berekhoven, 1990, S. 123). Grundsätzlich lassen sich Haushalts- und Handelspanels unterscheiden. Beim Handelspanel fallen die Daten – sofern sie durch Scanning erhoben werden – als Nebenprodukt der Abverkaufsdatenerfassung an. Eine Trennung zwischen Panel- und Nicht-Paneldaten ist recht willkürlich. Ein einzelnes Handelsunternehmen kann aber nur die Marktdaten der eigenen Vertriebslinie liefern. Aus diesem Grunde sind in Deutschland drei überbetriebliche elektronische Handelspanels entstanden: MADAKOM der CCG, ScanTrack der A.C. Nielsen GmbH und InfoScan der Firma Euroscan. Panels unterstützen einen bestimmten Analysebereich. Olbricht unterscheidet in diesem Zusammenhang zwischen Marktbeobachtung, Wirkungs- und Zielgruppenanalysen (vgl. Olbricht, 1997, S. 147 ff.). Besonders hilfreich sind Panelinformationen für die Markenartikelindustrie. Hersteller können anhand der Paneldaten die Entwicklung der eigenen Produkte in unterschiedlichen Absatzkanälen nachvollziehen.

Fallbeispiel 8: Zugriff auf Kundendaten der Tesco-Clubcard (vgl. Biehl, 1998, S. 46 ff.)

Tesco gewährt Nestlé den Zugang zu Kundendaten der Tesco-Clubcard. Das Hauptziel besteht darin, Verkaufsförderungsaktionen spezifischer an die Anforderungen und Wünsche der von Tesco definierten Zielkunden anzupassen.

Die Gestaltung eines Data Warehouse ist ein evolutionärer Prozess. Ein Data Warehouse kann man nicht extern einkaufen; es muss vielmehr aufgebaut und an unternehmensinterne Rahmenbedingungen angepasst werden. Aus diesem Grunde existiert kein Standarddesign für ein Data Warehouse. Vielmehr variieren Größe und Aussehen z.B. gemäß der Unternehmensstruktur oder den spezifischen Anforderungen der Benutzer. Ein auf dem Data Warehouse basierendes Management-Support-System kann wohl dann am effektivsten eingesetzt werden, wenn es sich leicht an firmenspezifische Anforderungen anpassen lässt.

4.2.3.4 Management-Support-Systeme (MSS)

Ein Data Warehouse stiftet keinen Nutzen, sofern keine Zusatzapplikationen für Datenfilterung, -analyse, -aggregation und -darstellung zum Einsatz kommen. So bildet das Data Warehouse häufig nur das Grundgerüst für den Einsatz bestimmter Zugriffsverfahren. Der eigenständige Zugriff durch den autorisierten Benutzer setzt voraus, dass der Anwender das Zu-

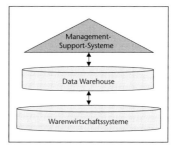

standekommen und die Beziehungen der im Data Warehouse gespeicherten Daten nachvollziehen kann. MSS liefern den Entscheidern interne und externe Daten zur Selbstsektion und -analyse. Die Benutzeroberflächen sind individuell zugeschnitten und intuitiv steuerbar. Fallbeispiel 9 erläutert Planungs- und Entscheidungswege beim Aufbau eines MSS.

Fallbeispiel 9: Aufbau eines MSS bei der Douglas Holding AG (Müller, Douglas Holding AG.)

Der Vorstand der Douglas Holding AG initiierte 1998 das Projekt IBIS/TOP. Ziel ist es, ein MSS aufzubauen, das die bestehende Konzernberichterstattung qualitativ aufwertet und die Informationsgrundlage für sämtliche Entscheidungsträger verbessert. Konkret sollte das MSS die Fähigkeit besitzen,

❏ die aktuelle Ist-Situation des Unternehmens bzw. einzelner Unternehmensbereiche aufzuzeigen,

❏ eine Prognose der zukünftigen Unternehmensentwicklung zu ermöglichen,

❏ Stärken und Schwächen in den einzelnen Unternehmensbereichen aufzudecken.

Träger des Projekts IBIS/TOP sind der Zentralbereich Controlling sowie die Douglas Information Services (DIS). Dabei ist der Zentralbereich Controlling für die betriebswirtschaftlichen Inhalte und die DIS für die technologische Umsetzung verantwortlich. Die Vision besteht darin, ein „Broadcast-Medium" zu etablieren, das die gesamte Douglas-Gruppe umrahmt. Adressaten eines solchen Systems sind sämtliche Führungskräfte vom Vorstand bis hin zur Filialleitung. „Das System muss leben. Entscheider sollten es jeden Tag nutzen". (Müller, Douglas Holding AG.) Dies soll in erster Linie durch externe Nachrichten erreicht werden, wie z.B. „Heute Filialeröffnung Douglas Parfümerie in Madrid".

Bereits im zweiten Quartal 1999 konnte das MSS vom Vorstand genutzt werden. Sukzessive werden die folgenden Hierarchieebenen ergänzt. Aktuell besteht das MSS aus den Berichten des Konzernberichtswesens sowie aus Benchmark- und Prognoserechnungen, welche durch unstrukturierte Daten, z.B. Kommentare oder Nachrichten, ergänzt werden.

Ein MSS der aktuellen Generation setzt auf einem Data Warehouse auf. Dadurch ist es möglich, analytische Komponenten in das Informationssystem zu integrieren. Relevante Komponenten sind Online Analytical Processing, Data-Mining- und Business-Support-Systeme (vgl. Kloth, 1999, S. 142).

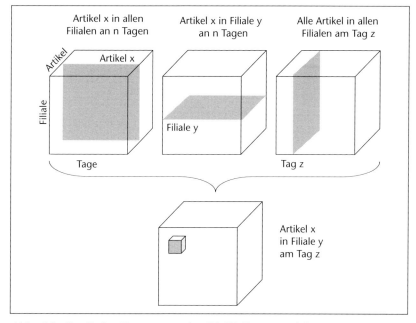

Abb. 26: Grafische Umsetzung der OLAP-Datenansicht,
Quelle: Kloth, 1999, S. 144

❑ **Online Analytical Processing (OLAP)**

Die individuelle Durchführung von Analysen setzt voraus, dass
Daten aus unterschiedlichen Blickwinkeln bzw. Perspektiven betrachtet werden können. Dies gewährleistet OLAP.

❑ **Data-Mining-Systeme**

Data-Mining-Systeme dienen der Datenmustererkennung. Dabei unterstützt das Data Mining sowohl ein hypothesengestütztes als auch
ein hypothesenfreies Durchsuchen von Datenbeständen. Ziel ist es,
bisher unbekannte Beziehungen zwischen Daten aufzudecken. Aus
dem Data Mining resultieren üblicherweise fünf nicht trennscharfe
Ergebnistypen (vgl. Gilmozzi, 1996, S. 169):

– Beziehungen (z.B. Aussagen über die Verbundbeziehung von Artikeln)

– Zeitreihenmuster (z.B. Aussagen über zeitliche Verbundbeziehungen von Artikeln, d.h. Ermittlung von Zeitspannen und Kauf-
  wahrscheinlichkeiten für Ergänzungsartikel nach dem Kauf eines bestimmten Produktes)

- Klassifikation (z.B. Ort und Zeitpunkt des Einkaufs klassifizieren einen bestimmten Kundentyp)

- Cluster (z.B. Identifikation zuvor unbekannter Kundentypen)

- Vorhersagen (z.B. Absatzprognosen beim Einsatz bestimmter Marketingmaßnahmen)

❏ **Business-Support-Systeme**

Behme beschreibt Business-Support-Systeme als spezielle Anwendungssysteme. Diese sind mit den operativen Systemen verbunden und greifen dort in hiesige Prozesse ein. Es lassen sich beispielsweise unterscheiden (vgl. Behme, 1996, S. 41):

- CM-Systeme,

- Supply-Chain-Modellierungs- und -Optimierungssysteme,

- Riskmanagement-Systeme oder

- Databasemarketing-Systeme.

Fallbeispiel 10: Category-Workbench auf der Plattform eines Data Warehouse bei Tesco (vgl. Biehl, 1998, S. 46 f.)

Tesco beschäftigt sich intensiv mit dem Aufbau eines Data Warehouse. Es besteht die Absicht, eine Workbench für das Category Management einzurichten. Hier können die verantwortlichen Mitarbeiter u.a. auf Daten des Verkaufs sowie der Marktforschung zugreifen. Auch Hersteller haben Informationen über den Produktverwender in die Workbench integriert.

Fallbeispiel 11: Einsatz einer Supply-Chain-Software bei Unilever (vgl. o.V., 1999, Unilever, S. 71)

Unilever hat mit dem Softwareanbieter Prologos oHG, Hamburg, ein Lizenzabkommen über das Supply-Chain-Modellierungs- und -Optimierungssystem „Prodisi" abgeschlossen. Die Softwarelösung wird europaweit in allen zum Konzernbereich „Food und Beverage" gehörenden Unilever-Unternehmen eingesetzt.

Mit dem Programm können komplexe Supply-Chain-Netzwerke modelliert werden und die darin ablaufenden Transport-, Handlings-, und Lagerprozesse simuliert bzw. optimiert werden. Auf Basis definierter Kostenfunktionen errechnet das Softwarepaket die Logistikkosten für alle relevanten Kostenstellen und -arten.

4.3 Konzept 3:
Kooperatives Category Management (CM)

4.3.1 Grundlagen

4.3.1.1 Begriff des CM

Obwohl der Begriff des CM zunehmend in Literaturbeiträgen aus Wissenschaft und Praxis auftaucht, ist ein inhaltlich eindeutiges und allgemein gültiges Verständnis nicht ohne weiteres erkennbar. Dabei werden in der Literatur insbesondere drei Aspekte des CM aufgegriffen, die sich folgendermaßen charakterisieren lassen:

❑ CM wird **als Maxime** verstanden, die ein kooperatives Grundverständnis von Herstellern und Händlern voraussetzt und die Warengruppe bzw. die Category als das Objekt der gemeinsamen Bemühungen von Hersteller und Handel begreift.

❑ CM wird **als Mittel** bezeichnet, das hilft, die Aufbau- und Ablauforganisation von Herstellern und Händlern marktorientiert zu gestalten, und eine effiziente und effektive Zusammenarbeit von Herstellern und Händlern unterstützt.

❑ CM wird **als Methode** begriffen, die das prozessuale Denken im Hinblick auf Konzeption und Realisierung eines strategischen Plans für eine Category kanalisiert.

Betrachtet man die beiden Begriffsbestandteile „Category" und „Management", so bereitet die Inhaltsbestimmung des Letzteren keine Probleme. Das „Management" verweist auf die Aufgaben der Planung, Steuerung, Kontrolle und Dokumentation. Es handelt sich um interdependente Aktivitäten, die sich im Sinne eines Regelkreissystems gegenseitig bedingen. Nahezu sämtliche CM-Definitionen greifen die genannten Aufgabenbereiche auf und fordern deren prozessuale Verknüpfung.

Der Begriff der „Category" wird dagegen recht unterschiedlich interpretiert. Im weitesten Sinne kann eine Category als eine Menge zusammengehöriger Artikel verstanden werden (vgl. Hahne, 1998, S. 11). Bei der Gestaltung der Categories dominiert idealtypisch die Verbraucherperspektive. Dabei orientieren sich die Gestalter einer Category an Bedürfnisstrukturen der definierten Zielkunden. Neben der Verbraucherperspektive gilt es insbesondere, Aspekte der Logistik, des Merchandisings sowie des Bestandsmanagements zu beachten. Letztlich geht es darum, die Categories in den Verkaufsstellen nach Maßgabe der grundsätzlichen, geschäftspolitischen Orientierung unter Beachtung des Engpassfaktors Regalfläche optimal zu gestalten. Die Engpassorientierung ist notwendig, da man gedanklich mit der Orientierung an Verbraucherbedürfnissen rasch eine Ausweitung der Sortimente verbindet. In diesem Sinne besteht die Kunst des CM darin, eine Category zielgruppenadäquat zu reduzieren.

Grundsätzlich lassen sich die Perspektiven von Industrie und Handel bei der Category-Definition unterscheiden. Eine Category kann ein abgegrenzter Sortimentsteil des Handels sein, aber auch Teil des Produktprogramms eines Herstellers. Die unterschiedlichen Perspektiven von Hersteller und Handel resultieren daraus, dass sich die Sortimente des Handels meist aus den Produkten einer Vielzahl von Herstellern zusammensetzen. Zudem listet der Handel häufig nur einen Teil der vom Hersteller definierten Produktkategorie.

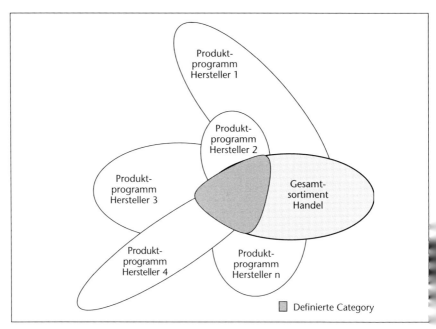

Abb. 27: Die Category als Steuerungsobjekt des Handels

Umstritten ist, ob eine Category mit dem Begriff der Warengruppe gleichzusetzen ist. Formal verweisen beide auf eine abgrenzbare Gruppe von Artikeln und Produkten. Viele Autoren verwenden CM und Warengruppenmanagememt synonym. Beachtet man den Aspekt der bedürfnis- bzw. verbraucherbezogenen Gruppierung als konstitutives Merkmal des CM, decken sich die beiden Begriffe nicht vollständig. Eine begriffliche Abgrenzung erscheint nicht opportun, zumal der Handel CM auf der Basis historisch gewachsener Warengruppen betreibt.

Im Rahmen des kooperativen CM ist die Category als Teil des Handelssortiments das relevante Steuerungsobjekt. So ist die Industrie aufgefordert, ihre Perspektive zu erweitern und Produkte anderer Hersteller sowie insbesondere auch Eigenmarken des Handels in konzep-

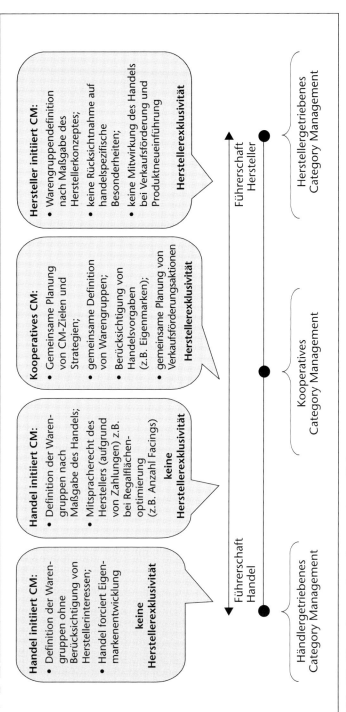

Handel initiiert CM:
- Definition der Warengruppen ohne Berücksichtigung von Herstellerinteressen;
- Handel forciert Eigenmarkenentwicklung

keine Herstellerexklusivität

Handel initiiert CM:
- Definition der Warengruppen nach Maßgabe des Handels;
- Mitspracherecht des Herstellers (aufgrund von Zahlungen) z.B. bei Regalflächenoptimierung (z.B. Anzahl Facings)

keine Herstellerexklusivität

Kooperatives CM:
- Gemeinsame Planung von CM-Zielen und Strategien;
- gemeinsame Definition von Warengruppen;
- Berücksichtigung von Handelsvorgaben (z.B. Eigenmarken);
- gemeinsame Planung von Verkaufsförderungsaktionen

Herstellerexklusivität

Hersteller initiiert CM:
- Warengruppendefinition nach Maßgabe des Herstellerkonzeptes;
- keine Rücksichtnahme auf handelsspezifische Besonderheiten;
- keine Mitwirkung des Handels bei Verkaufsförderung und Produktneueinführung

Herstellerexklusivität

Führerschaft Handel

Führerschaft Hersteller

Händlergetriebenes Category Management

Kooperatives Category Management

Herstellergetriebenes Category Management

Abb. 28: Einordnung eines kooperativen CM

tionelle Überlegungen einzubeziehen. Dies bedeutet aus Herstellersicht eine Mitverantwortung für eine gesamte Warengruppe im Handel. Der Hersteller gibt damit seine begrenzte Sicht auf das eigene Produktportfolio auf.

Expertengespräche offenbaren, dass Hersteller und Händler mit dem Konzept des CM eine unterschiedliche Intention verbinden. Die nachfolgenden Tabellen enthalten zentrale Aussagen der befragten Experten, welche die Vorteilhaftigkeit des CM-Ansatzes im Wettbewerb begründen.

Frage: Warum ist die Category der wesentliche Ansatz im Wettbewerb?
Statements
Abraham, Karstadt AG: *„Die Categories leiten sich aus den **Kundenbedürfnissen** ab."*
Kolodziej, dm-drogerie markt GmbH & Co. KG: *„Der Kunde soll **alles finden, was er sucht.**"*
Ramp, Pick Pay AG: *„Die Categories richten sich nach **Bedarfswelten.**"*
Peritz, Coop Schweiz: *„Die Orientierung an Betriebstypen ist nicht zielführend, da **spezifischere Entscheidungen** getroffen werden müssen. Daher ist die Category der zentrale Ansatz."*
Mrosik, Douglas Holding AG: *„Kosmetik und Textilien lassen sich nicht zusammen planen."*

Tab. 3:   CM als Ansatz im Wettbewerb – Statements von Handelsexperten

Frage: Warum ist die Category der wesentliche Ansatz im Wettbewerb?
Statements
Herbst, Beiersdorf AG: *„Das Denken in Categories entspricht den **Forderungen des Handels.**"*
Grundmann, Bosch Siemens: *„Aufgrund der Konzentration muss man den **Anforderungen des Handels** besser entsprechen."*
Helweg, Beiersdorf AG: *„Marktstarke Händler managen ihren Absatzkanal ohne Hilfe der Hersteller. Durch die Mitarbeit im Rahmen einer Category kann der Hersteller bis zu einem gewissen Grad selbst planend und steuernd **auf den Absatzkanal Einfluss nehmen.**"*

Statement
Hofer, Procter & Gamble SA: *„Der Handel bestimmt durch seine Listungsentscheide* **Konsumtrends***. Trends beziehen sich selten auf einzelne Produkte, sondern auf eine Warengruppe. Aus diesem Grunde ist es auch für den Hersteller sinnvoll, in Warengruppen zu denken."*
Speer, Henkel Waschmittel KG: *„Konsumenten denken in* **Bedürfniswelten***; auch Hersteller müssen diese Sicht einnehmen."*
Schwarzmeier, Procter & Gamble SA: *„Das Denken in Categories liefert dem Hersteller* **neue Informationen***. Diese gilt es, im Rahmen der Produktentwicklung zu nutzen."*
Roncoroni, Procter & Gamble SA: *„Der Endverbraucher entscheidet über den Erfolg einer Marke am POS. [...] Der* **Endverbraucher denkt in Warengruppen***."*

Tab. 4:   CM als Ansatz im Wettbewerb – Statements von Hersteller-experten

Handelsexperten erkennen in der Category das zentrale Steuerungs-objekt, das geeignet ist, ein kundengerechtes Leistungsangebot bereit-zustellen. Letztlich geht es darum, den Bedürfnissen der Zielkunden besser zu entsprechen.

Anhand der **Herstellerstate-ments** wird die ambivalente Ausrichtung der Industrie deutlich. Einerseits wird CM als Chance verstanden, den Anforderungen des Handels besser zu entsprechen und den Einfluss auf Marketing-entscheidungen im Absatzka-nal zu erhöhen. Andererseits soll CM dazu beitragen, die „Black Box" des Konsumen-ten aufzuhellen. In der Vergangenheit richtete sich die Konsumen-tenforschung der Hersteller in erster Linie auf den Produktverwender. CM erweitert diesen Ansatz und setzt am Kaufentscheidungsprozess an. Dabei steht der so genannte Shopper im Mittelpunkt der Analysen.

Abb. 29: Ganzheitliche Konsumentenforschung

Zusammenfassend soll das CM anhand der folgenden Merkmale ein-deutig bestimmt werden:

❏ CM fokussiert die Warengruppe als Objekt der strategischen Pla-nung, Steuerung und Kontrolle von Hersteller und Handel,

❑ CM-Aktivitäten richten sich primär auf den Endverbraucher,

❑ CM integriert Aktivitäten auf der Supply- und der Demand-Side,

❑ CM impliziert eine wirtschaftstufenübergreifende Prozessorientierung mit dem Ziel der Integration sämtlicher Anspruchsgruppen.

4.3.1.2 CM als Ansatz der ganzheitlichen Profilierung

In den vergangenen Dekaden sind die Sortimente des Handels explodiert. Warengruppen wie Frischfleisch, Molkereiprodukte und Nonfood sind stark gewachsen. Auf kontinuierlich wachsenden Flächen waren und sind Neuheiten stets willkommen. Ein durchschnittlicher Supermarkt verfügte im Jahr 1979 über rund 1.800 Artikel (vgl. Biester, 1997, S. 16 f.). Mitte der 90er Jahre handelt es sich bereits um ca. 2.500 Produkte. Im gleichen Zeitraum ist das Sortiment der SB-Warenhäuser von 19.000 auf 28.000 Artikel gewachsen. Dabei spielt der Mythos des „Nutzen einer großen Vielfalt" eine entscheidende Rolle. Problematisch dabei ist, dass Randsortimente häufig das Kerngeschäft kannibalisieren.

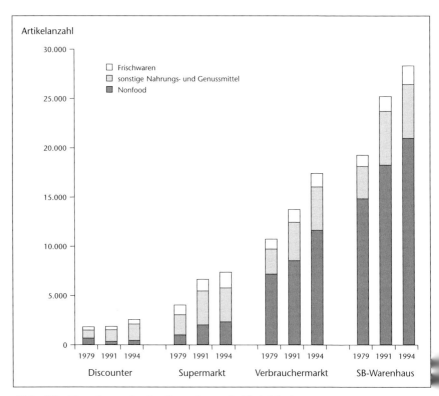

Abb. 30: Zunahme der Sortimente nach Vertriebstypen, Quelle: in Anlehnung an Biester, 1997, S. 17

Die Definitionen der verschiedenen Vertriebstypen stammen meist noch aus den 60er und 70er Jahren. Ziel war es, das Potenzial einer Region über mehrere voneinander abgrenzbare Vertriebskonzepte auszuschöpfen. Nicht zuletzt die außerordentlich positive Entwicklung der Discounter führte dazu, dass die Innovationsbereitschaft der „Vollsortimenter" einem eher risikoscheuen Kostenkalkül gewichen ist. So fehlt es in der Marketingpolitik vieler Handelsunternehmen an innovativen Elementen, die „eingefahrene" Vertriebskonzepte voranbringen. Zentraler Ausgangspunkt eines neuen, innovativen Handelsmarketings muss der Kunde sein. Ansätze sind Kundenbindung, Kundenbegeisterung und/oder Kundenüberraschung.

CM soll dazu beitragen, das Leistungsangebot eines Handelsunternehmens zu schärfen und konsequent auf die Wünsche und Bedürfnisse des Kunden auszurichten. Damit dient CM unmittelbar der Profilierung des Unternehmens. „Mit Profilierung ist der Aufbau von identitätsstiftenden Wettbewerbsvorteilen anhand konkreter Maßnahmen angesprochen, welche der Zielkunde mit einer Kaufhandlung belohnt" (Rudolph, 1997, Profilieren, S. 19). Profilierung verlangt entsprechend der dargestellten Definition eine bewusste Differenzierung gegenüber der Konkurrenz durch ein einzigartiges Leistungsbündel.

Die Positionierungspyramide verweist auf den notwendigen Zusammenhang von Grundsatzstrategie, Positionierung und Profilierung (vgl. Rudolph, 1997, Profilieren, S. 15). Auch die Ausgestaltung des CM erfordert eine Berücksichtigung dieser drei Ebenen. CM setzt zunächst an grundsätzlichen, strategischen Entscheidungen an. Letztlich muss CM dazu beitragen, die angestrebte Positionierung im Wettbewerbsumfeld zu unterstützen. Auf der dritten, eher taktisch-operativ orientierten Ebene impliziert das CM den koordinierten Einsatz mehrerer Profilierungsinstrumente.

Exemplarisch lassen sich auf den drei Ebenen die folgenden Fragen formulieren. Diese verweisen auf zentrale Entscheidungsfelder.

Relevante Fragestellungen auf der Ebene der Grundsatzstrategie

❑ Welche Categories sind für das Handelsunternehmen von größter Bedeutung und dokumentieren das gewählte Geschäftsmodell gegenüber der Kundschaft?

❑ Welche Categories dienen lediglich der Ergänzung des Angebots?

❑ Welche Vision leitet die wichtigsten Categories in der Zukunft?

Relevante Fragestellungen auf der Ebene der Positionierung

❑ Wer sind die anvisierten Zielkunden der Category?

❑ Wie sind konkurrierende Anbieter mit der jeweiligen Category positioniert?

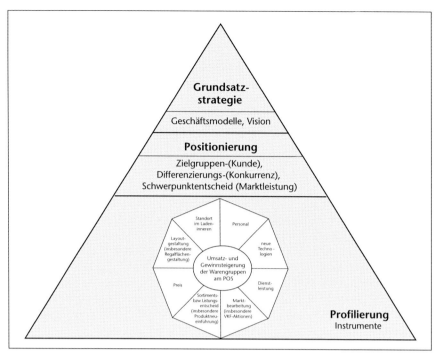

Abb. 31: *Positionierungspyramide, Quelle: in Anlehnung an Rudolph, 1993, Profilieren, S. 153; Rudolph, 1997, S. 15*

Relevante Fragestellungen auf der Ebene der Profilierung

❑ Was sind die Profilierungschwerpunkte und Profilierungsmaßnahmen innerhalb der definierten Category?

❑ Wie lassen sich die verschiedenen Profilierungsinstrumente kombinieren, so dass maximale Synergieeffekte erzielt werden können?

Die Profilierungsabsicht einer Category muss zwangsläufig auf der Grundsatzstrategie und den getroffenen Positionierungsentscheidungen basieren. Hinsichtlich der Profilierungsebene lassen sich acht Instrumente unterscheiden, die maßgeblich dazu beitragen, das Profil einer Category zu „schärfen" (vgl. Abb. 32).

Für eine kooperative Wertschöpfung von Hersteller und Handel eignen sich nicht alle der acht Profilierungsinstrumente gleichermaßen. In Abschnitt 3.3.2 werden die Maßnahmen der Verkaufsförderung, der Flächenoptimierung, der Produktneuentwicklung sowie der Sortimentneuausrichtung detailliert dargestellt. Diese stehen aktuell im Mittelpunkt kooperativer CM-Aktivitäten.

Von den übrigen Profilierungsinstrumenten erweist sich insbesondere die Preisgestaltung in der Zusammenarbeit zwischen Industrie und Handel als kritisch. In der aktuellen Diskussion wird häufig vorge-

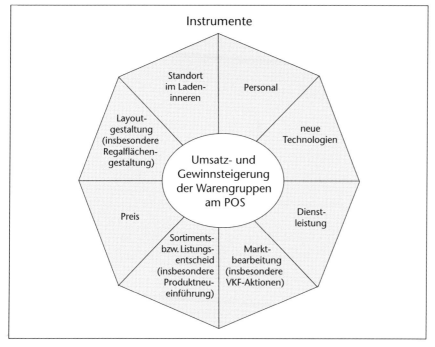

Instrumente

Standort im Laden-inneren

Personal

Layout-gestaltung (insbesondere Regalflächen-gestaltung)

neue Technologien

Umsatz- und Gewinnsteigerung der Warengruppen am POS

Preis

Dienst-leistung

Sortiments-bzw. Listungs-entscheid (insbesondere Produktneu-einführung)

Markt-bearbeitung (insbesondere VKF-Aktionen)

Abb. 32: *Profilierungsinstrumente einer Category, Quelle: in Anlehnung an Rudolph, 1993, Profilieren, S. 274; Rudolph, 1997, S. 52*

schlagen, Sonderangebote eher restriktiv zu handhaben. Einem solchen Vorgehen liegt die Überlegung zugrunde, dass Sonderangebote so genannte Schnäppchenjäger in die Verkaufsstelle führen. Diese kaufen in erster Linie die wenig profitablen, zu Sonderpreisen angebotenen Artikel. Zudem erhöht sich durch Sonderangebote die Komplexität des logistischen Handlings. So sind beispielsweise zusätzliche Lager- und Transportkapazitäten erforderlich. Vor diesem Hintergrund propagieren viele Handelsunternehmen eine so genannte Dauerniedrigpreispolitik, die eine kontinuierliche Nachfrage gewährleisten soll.

Fallbeispiel 12: Dauerniedrigpreise bei dm-drogerie markt
(Kolodziej und Schäfer, dm-drogerie markt GmbH & Co. KG)

dm-drogerie markt profiliert sich als preisgünstiger Anbieter von Drogerieprodukten. Bewusst fördert dm-drogerie markt die Preistransparenz der Kunden. Bereits im Jahre 1995 garantierte dm für das gesamte Sortiment Dauerniedrigpreise mit viermonatiger Gültigkeit. Preisveränderungen wurden den Kunden in sämtlichen Filialen auf Listen mitgeteilt. Seit Februar 1997 gibt es bei dm für das gesamte Sortiment so genannte „Grundpreise", die den Preisvergleich der Kunden vereinfachen sollen.

Von besonderer Bedeutung ist es, innerhalb der Category einen strategischen Zielkunden zu definieren. Die Auswahl der Profilierungsinstrumente muss sich an den Anforderungen des definierten Zielkunden orientieren. Alles, was aus Sicht des Zielkunden nicht positiv bewertet wird oder überflüssig ist, gilt es zu vermeiden. Passt beispielsweise die Verkaufsförderungsaktion eines Herstellers nicht zum Zielkunden, sollte diese Aktion unter Verzicht auf einen damit eventuell verbundenen Konditionenvorteil nicht durchgeführt werden. Hinter dieser Philosophie steht die Erkenntnis, dass Handelsunternehmen ihren Gewinn mit prozentual betrachtet wenigen Kunden erwirtschaften. Es handelt sich um die loyalen Kunden, die einen Großteil ihrer Einkäufe in der Verkaufsstelle tätigen. Ziel jedes Handelsunternehmens muss es sein, eine solche loyale Stammkundschaft zu pflegen.

Fallbeispiel 13: Kundenloyalität als strategisches Ziel bei Albert Heijn (vgl. Biehl, 1997 a, S. 48 f.)

Rund 80 Prozent der Niederländer sind Kunden bei Albert Heijn. Die Kundenakquisition in derart gesättigten Marktverhältnissen ist sehr teuer. So ist Albert Heijn bestrebt, keine neuen Kunden zu gewinnen, sondern die Loyalität der bestehenden Kunden zu erhöhen. Dies erfordert eine detaillierte Kenntnis darüber, was der Kunde bei seinem Einkauf sucht und wünscht. Hier ist Albert Heijn auf die Zusammenarbeit mit marktstarken Herstellern angewiesen. Im Mittelpunkt der gemeinsamen Bemühungen steht weniger die Rationalisierung als vielmehr Differenzierung und Innovation. So betreibt Albert Heijn ein umfassendes CM, das durch weiterführende Ansätze wie „Loyalitätsmarketing" oder durch ein datengestütztes „Precision Retailing" ergänzt wird. Albert Heijn strebt die kooperative Wertschöpfung mit bevorzugten Herstellern, insbesondere Exklusivlieferanten, an. Mehr Sortimentvielfalt, mehr regionale Spezialitäten, mehr Convenience, ein optisch ansprechenderes Sortiment sowie eine angenehmere Einkaufsatmosphäre sind das Ergebnis der gemeinsamen Anstrengungen.

Während der Handel bestrebt ist, die Verkaufsstellenloyalität zu erhöhen, sind Hersteller bemüht, die Loyalität der Verwender zu den eigenen Produkten bzw. Marken zu steigern. Die beiden Basisloyalitäten bilden die Voraussetzung für ein kooperatives CM. Schließlich kaufen über 50 Prozent der Verbraucher die gleiche Marke einer Warengruppe immer im gleichen Geschäft.

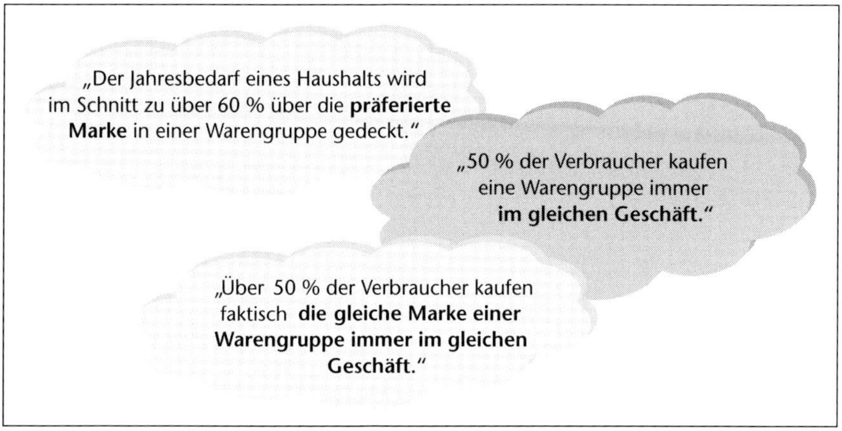

„Der Jahresbedarf eines Haushalts wird im Schnitt zu über 60 % über die **präferierte Marke** in einer Warengruppe gedeckt."

„50 % der Verbraucher kaufen eine Warengruppe immer **im gleichen Geschäft.**"

„Über 50 % der Verbraucher kaufen faktisch **die gleiche Marke einer Warengruppe immer im gleichen Geschäft.**"

Abb. 33: Basisloyalitäten als Ansatz der kooperativen Wertschöpfung, Quelle: GFK-Haushaltspanel, 1997

4.3.1.3 Zentralisierungsgrad des CM

Aufgrund der komplexen Analyse- und Planungsprozesse fördert das CM-Konzept die Entscheidungszentralisierung in Handelsunternehmen. So lässt sich feststellen, dass es aus Sicht des Handels ein rein dezentrales CM, das ausschließlich von der einzelnen Filiale vorangetrieben wird, nur in der Theorie geben kann. Zudem würde eine komplett dezentrale Ausrichtung des Handelsunternehmens kooperative Planungs-, Steuerungs- und Kontrollaktivitäten nachhaltig erschweren. Hersteller müssten sich mit einer Vielzahl von Aufgaben- und Entscheidungsträgern – insbesondere mit dem einzelnen Filialmanagement - auseinander setzen, was die Komplexität der herstellerseitigen CM-Prozesse immens erhöhen würde. Fallbeispiel 14 verdeutlicht Ansatzpunkte eines dezentralen CM.

Fallbeispiel 14: Warengruppenmanagement (WGM) bei Globus, St. Wendel (vgl. Biehl, 1997 c, S. 54)

Globus St. Wendel wandelte bereits im Jahre 1997 die bis dahin bestehende Beschaffungsfunktion in ein WGM um. Dabei entscheidet ein Team, das aus zwei zentralen Funktionsbereichen besteht, über warengruppenspezifische Aufgaben. Ein Warengruppenmanager Einkauf verantwortet die Beschaffung und ein Warengruppenmanager Vertrieb ist für die Umsetzung beschlossener Konzepte verantwortlich. Die beiden zentralen Funktionen müssen sich mit einem Arbeitskreis bestehend aus Markt- bzw. Filialmanagement abstimmen. Die Warengruppenteams werden durch interne Dienstleister, Organisation, Controlling, Werbung, Logistik, Qualitätssicherung, Eigenmarken, EDV, Warenwirtschaft und Marktforschung unterstützt.

Die Umstrukturierung förderte die Entscheidungszentralisierung des ansonsten recht dezentral ausgerichteten Globus St. Wendel. Die Warengruppenteams treffen Listungsentscheide, konzipieren Verkaufsförderungsaktionen und bestimmen die Warenpräsentation. Das zentrale Vorgehen stellt eine schnelle und einheitliche Umsetzung in den Verkaufsstellen sicher. Dennoch bleiben dezentrale Entscheidungsspielräume für das Filialmanagement erhalten. Regionale Sortimente und Preispflege sind wichtige Bausteine der lokalen Profilierung.

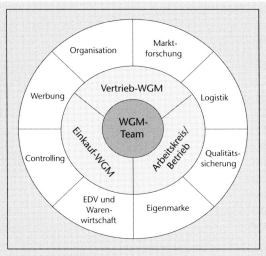

Abb. 34: WGM-Teams bei Globus St. Wendel, Quelle: Globus, 1997

Eine Entscheidungszentralisierung scheint am ehesten für jene CM-Aufgaben von Vorteil, die insbesondere auf eine Effizienzsteigerung abzielen (z.B. Aggregation der Filialbedürfnisse im Zusammenhang mit der Durchführung einer Verkaufsförderungsaktion). Jedoch verlangt die Dynamik und Turbulenz vieler Standorte, CM-bezogene Entscheidungsinhalte an das Filialpersonal zu delegieren. Das bereits vor 20 Jahren von Naumann unterstellte Informationsmonopol der Filialen besteht auch heute noch (vgl. Naumann, 1975, S. 122). In der Praxis wird deshalb häufig ein Mischsystem angestrebt. Dem Filialmanagement werden z.B. verbindliche sowie filialspezifisch gestaltbare Sortimentbausteine vorgegeben. So determiniert die Zentrale beispielsweise ein Pflichtsortiment, bestehend aus Stamm- und Randsortiment. Innerhalb eines Wahlsortimentes entscheidet aber das Filialmanagement in eigenem Ermessen über die Listung von Artikeln oder Lieferanten. Auf diese Weise wird eine gewisse Flexibilität gegenüber der Absatzmärkten gewahrt, ohne dass die Vorteile eines zentralen Vorgehens verloren gehen. Eine Mischung aus dezentral und zentral gesteuerten CM-Aktivitäten ist mit der Vision des CM gut vereinbar. Die Erweiterung des Entscheidungsspielraumes setzt jedoch ein hohes Wissensniveau des Filialmanagements voraus. Ziel muss es sein, Filialmitarbeiter zu veranlassen, eigenständig CM-bezogenes Wissen zu erwerben und dieses in der betrieblichen Arbeit in der Filiale umzusetzen.

Die mit dem CM-Konzept verbundenen herstellerseitigen organisatorischen Konsequenzen beziehen sich u.a. auf die Bereiche Verkauf und Produktmanagement.

Insbesondere bei international agierenden Brand Manufacturern und Channel Manufacturern ist eine zunehmende Zentralisierung im Produktmanagement zu beobachten. Dabei erfolgt eine zunehmend stärkere Trennung eher strategisch und eher operativ geprägter Marketingaufgaben. Meist kommen dem internationalen Produktmanagement Aufgaben der Produktpositionierung und der Produktentwicklung sowie der strategischen Kommunikation zu, während das nationale Produktmanagement insbesondere mit operativ geprägten Unternehmensentscheidungen und -aufgaben betraut ist. Damit ist das nationale Produktmanagement zwangsläufig in kooperative CM-Aktivitäten involviert.

Im Verkaufsbereich stellt sich die Frage, wie sich das Aufgabengebiet des KAM im Rahmen des CM-Konzepts verändert. Eine Abkehr von der dezentralen Struktur des KAM setzt sich in der Unternehmenspraxis nicht durch (vgl. Speer, 1999, S. 233). Dies würde bedeuten, dass anstelle einzelkundenbezogener Zuständigkeiten eine warengruppenbezogene Gliederung den Verkauf kennzeichnet, was grundsätzlich nicht im Interesse des Handels ist. Vor diesem Hintergrund erscheint eine Erhöhung der Qualifikation und der Entscheidungsbefugnis des KAM sinnvoll. Diese Lösung drängt sich auf, weil kooperative CM-Aktivitäten häufig eine handelskundenspezifische Lösung verlangen.

4.3.2 Kernaktivitäten eines kooperativen CM

In der Folge werden Kernaktivitäten eines kooperativen CM aufgezeigt. Diese verweisen auf Reserven bzw. Potenziale, deren Ausschöpfung neue, innovative Ansätze verlangt. Auf Basis von mehreren Expertengesprächen mit Topmanagern aus Industrie und Handel wurden die folgenden vier Kernaufgaben identifiziert, die als Teil- bzw. Subprojekte des CM verstanden werden können. Die dargestellten Kernaktivitäten definieren den Objektbereich des CM nicht abschließend. In der Zukunft werden weitere Aufgaben hinzukommen, die gemessen an ihrer Zielsetzung entweder der Effizienz- und/oder der Effektivitätssteigerung zuzuordnen sind. Stand in der Vergangenheit eher das Effizienzstreben im Vordergrund, so werden künftig Effektivitätsüberlegungen eine größere Rolle spielen. Die nachfolgend dargestellte Typologie soll helfen, ein differenziertes Verständnis für die Herausforderungen des CM zu entwickeln.

4.3.2.1 Verkaufsförderungsaktionen

Im Rahmen von Verkaufsförderungsaktionen können einzelne Marketingmaßnahmen aus allen Bereichen des Marketingmix zum Einsatz

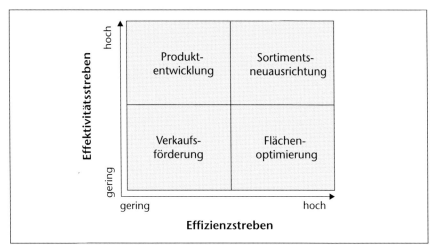

Abb. 35: Kernaktivitäten eines kooperativen CM,
Quelle: Rudolph/Schmickler, 2000, S. 204

kommen. So kann der Einsatz bestimmter produktpolitischer (z.B. Sonderverpackungen, Produktzugaben), preispolitischer (z.b. Sonderpreise, Sonderkonditionen), distributionspolitischer (z.b. Merchandisingaktivitäten, Händlerschulungen) sowie kommunikationspolitischer Instrumente (z.b. Preisausschreiben, TV-Werbung, Direct-Mailing-Aktionen) zum Aufgabenbereich der Verkaufsförderung zählen. Adressaten von Verkaufsförderungsaktionen können der eigene Außendienst (Staff Promotions), bestimmte Handelsunternehmen (Trade Promotions) oder der Endverbraucher (Consumer Promotions) sein. Im Rahmen des CM sind insbesondere Trade Promotions relevant bzw. solche Promotions, bei denen sich der Hersteller am POS an den Endverbraucher richtet. Maßnahmen des Herstellers sind Sonderkonditionen, Preisaktionen, Zweitplatzierungen/Displays, Werbehilfen und Werbekostenzuschüsse, Merchandisingmaßnahmen, Events am POS usw.

Bei der Planung von Verkaufsförderungsaktionen ist zu beachten, dass sich eine mögliche Steigerung der Absatzmenge auf mehrere Wirkungen zurückführen lässt. So erreichen weder Hersteller noch Händler ihre Ziele, wenn ein Aktionsmehrabsatz lediglich auf einer Kaufbeschleunigung beruht. Dabei kaufen die Kunden den Aktionsartikel auf Vorrat zu dem günstigeren Preis ein. Der Zweck von Verkaufsförderungsaktionen besteht vielmehr darin, Probierkäufe bzw. einen Mehrkonsum zu initiieren.

Die Verkaufsförderung hat insbesondere im Bereich Lebensmittel einen hohen Stellenwert. Je stärker der Handel darauf bedacht ist, sich durch ein einheitliches Erscheinungsbild gegenüber Wettbewerbern zu differenzieren, desto weniger wird er POS-Maßnahmen der Hersteller vorbehaltlos akzeptieren. Dies entspricht dem Trend eines konsequenten Zielgruppenmarketings vieler Handelsunternehmen. Dabei legt der Handel zunehmend Wert darauf, dass Hersteller entsprechende Aktionen exklusiv durchführen. Vor diesem Hintergrund beeinflusst der Handel verstärkt die Inhalte solcher Aktionen und fordert eine Integration der Maßnahmen in das eigene Profilierungskonzept. Zudem erwartet der Handel ein problemloses Handling der POS-Aktivitäten, sofern er überhaupt bereit ist, Displaymaterial selbst zu installieren. Kritisch sind u.a. die Bestände der Aktionsartikel in den jeweiligen Verkaufstellen. Die folgende Abbildung gibt einen Überblick über kooperative Aktivitäten im Rahmen der Verkaufsförderung.

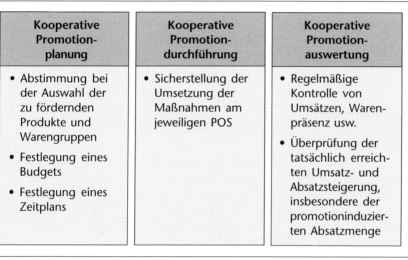

Kooperative Promotion-planung	Kooperative Promotion-durchführung	Kooperative Promotion-auswertung
• Abstimmung bei der Auswahl der zu fördernden Produkte und Warengruppen • Festlegung eines Budgets • Festlegung eines Zeitplans	• Sicherstellung der Umsetzung der Maßnahmen am jeweiligen POS	• Regelmäßige Kontrolle von Umsätzen, Warenpräsenz usw. • Überprüfung der tatsächlich erreichten Umsatz- und Absatzsteigerung, insbesondere der promotioninduzierten Absatzmenge

Abb. 36: Kooperative Planung, Durchführung und Auswertung von Verkaufsförderungsaktionen, Quelle: in Anlehnung an Laurent, 1996, S. 248 ff.

4.3.2.2 Flächenoptimierung

In der Praxis gehen Listungsentscheid und Regalgestaltung Hand in Hand. Wird ein neues Produkt in das bestehende Sortiment aufgenommen, so ist bei ausgelasteter Regalfläche – von der im Allgemeinen ausgegangen werden kann – die Frage zu stellen, wo der neue Artikel platziert werden soll bzw. welche anderen Artikel mit reduzierter Fläche auskommen müssen oder ganz aus dem Sortiment gestrichen werden.

Heute wird die Flächengestaltung in Verkaufsstellen in der Regel EDV-gestützt durchgeführt. So übernimmt das Space Management die Realplatzplanung sowie -kontrolle von Artikeln und Categories. Dabei werden in Computersimulationen die Auswirkungen veränderter Regalansichten hinsichtlich Kosten, Rohertrag und/oder Umsatz einer Category geprüft (vgl. Laurent, 1996, S. 29). Die EDV-gestützte Regalplatzoptimierung berücksichtigt auch die DPR der Artikel. Als Dateninput sind Produktdaten, Regaldaten und Regalartikeldaten erforderlich. Die Produktdaten stammen entweder unmittelbar vom Hersteller oder von Artikeldatenbanken, z.b. Sinfos der Centrale für Coorganisation (CCG). Im praktischen Einsatz verknüpft die aktuelle Software bereits einen Barcodescanner sowie eine digitale Kamera. So können vor Ort in der Verkaufsstelle auf dem Notebook schnell und einfach Planogramme und Produktbilder erstellt werden. Die Überprüfung und Optimierung der aktuellen Regalbestückung einer Category unter Kosten- und Renditeaspekten sind wichtige Schritte zur Effizienzsteigerung im Rahmen des CM. Hersteller bieten die Durchführung der Regalplatzoptimierung häufig als Serviceleistung an. Im Mittelpunkt der Analysen steht die DPR, die marktstarke Hersteller häufig als objektives Argument für die Listung der eigenen Produkte anführen.

4.3.2.3 Produktneuentwicklung

Die Produktpolitik gilt traditionell als zentraler Bestandteil des Marketingmix eines Herstellers (vgl. Haedrich/Tomczak, 1996, S. 171). Dennoch sehen sich in vielen Branchen Hersteller Bestrebungen des Handels ausgesetzt, bei der Produktpolitik einen größeren Einfluss zu erlangen. Dies bezieht sich nicht nur auf Eigenmarken, bei denen der Handel ohnehin die Marketingführerschaft innehat. So haben sortimentspolitische Entscheidungen marktmächtiger Handelsunternehmen zwangsläufig einen Einfluss auf die Produktpolitik der Hersteller. Zudem müssen sich Hersteller mit dem Phänomen der Markenerosion auseinander setzen, die als Konsequenz des zunehmenden Markenwettbewerbs verstanden werden kann. Markenerosion bezeichnet den Umstand, dass der Konsument immer weniger in der Lage ist, Marken zu unterscheiden bzw. einen spezifischen Nutzen zu differenzieren. Somit nehmen Verbraucher Marken als zunehmend austauschbar wahr. Die Markenerosion führt zu einem Nachlassen der Präferenzstärke und damit zur Aufweichung der Verwendertreue. Die Gründe für diese Entwicklung liegen nach Bodenbach in Maßnahmen, die in erster Linie einem kurzfristigen Erfolgsdenken entsprechen (vgl. Bodenbach, 1996, S. 49 f.):

❑ „Aktionitis" bekannter Herstellermarken im Zuge von Preiskämpfen

❑ Verringerung des Kommunikationsbudgets bei gleichzeitiger Erhöhung der Werbekostenzuschüsse

❑ Brand Extensions, Line Extensions und Markentransfers mit der Folge „verwässerter" Markenimages

❑ Me-too-Produkte statt Forcierung der Entwicklung von „echten" Innovationen

❏ weite Preisabstände zu Eigenmarken des Handels, die mit der Qualitäts- oder Zusatznutzendifferenz nicht übereinstimmen

❏ Unvereinbarkeit zwischen Exklusivitätsanspruch der Marke und ubiquitärer Distribution

In der Literatur werden Produktentwicklung und -einführung meist als zusammengehörige Kooperationsfelder definiert. Hinsichtlich der Sensibilität der Zusammenarbeit gibt es jedoch erhebliche Unterschiede. So wird der Handel bei indirekter Distribution zwangsläufig in die Einführung neuer Produkte eingebunden. Einführungsaktivitäten sind somit ein klassisches Feld der vertikalen Zusammenarbeit. Anders verhält es sich mit dem kreativ-konzeptionell geprägten Prozess der Produktentwicklung. Hier ist das grundsätzliche Rollenverständnis von Hersteller und Handel unmittelbar betroffen. Die Produktentwicklung ist aus Herstellersicht ein Kernprozess, der maßgeblich die Wettbewerbsposition und damit die Effektivität der Marktleistung determiniert.

Eine kooperative Produktentwicklung hat das Ziel, Misserfolge durch ein besseres Verständnis der Kundenwünsche zu vermeiden. Weiterhin ist es prinzipiell möglich, Zeit, Komplexität sowie Kosten der Entwicklungs- und Einführungsprozesse zu reduzieren. Die Aufgaben bei der Produktentwicklung und -einführung sind vielfältig. Aus der Vielfalt der Aktivitäten ergeben sich mehrere Kooperationsfelder.

Phase	Kooperative Aktivitäten
Strategie für Neuprodukte	Qualitativer Informationsaustausch zwischen Hersteller und Handel
Ideengenerierung und -bewertung	Einbindung quantitativer Handelsdaten
Konzeptentwicklung und -bewertung	Handelsbefragungen, Handelsaudits zu Reaktionen auf Produktkonzepte
Wirtschaftlichkeitsrechnung	Gemeinsame Erarbeitung des Umsatzpotenzials für das Neuproduktkonzept (ggf. nach Regionen, Betriebstypen)
Produktentwicklung und Markttests	Gemeinsame Durchführung von Markttests; gemeinsame Analyse der Ergebnisse; gemeinsame Diskussion; Konzeptänderungen
Produkteinführung und Ergebniskontrolle	Gemeinsame Markteinführung; Teamarbeit; gemeinsame Durchführung von Verkaufsförderungsaktionen; gemeinsame Kontrolle der Ergebnisse; Korrektur der Maßnahmen

Abb. 37: Die kooperative Produktentwicklung und -einführung, Quelle: Laurent, 1996, S. 253

4.3.2.4 Sortimentneuausrichtung

Das Sortiment ist das primäre Leistungsangebot des Handels. Es gilt als „Primus inter Pares" unter den Instrumenten des Handelsmarketings. So ist nach Barth das Marketing des Handels grundsätzlich sortimentsbezogen (vgl. Barth, 1980, S. 10).

Gerade diese herausragende Bedeutung des Sortiments erfordert ein konsequentes Aufspüren, Steuern und Kontrollieren von sortimentbezogenen Innovationen.

Zentrale Steuerungsgrößen des Sortiments sind Sortimentbreite und -tiefe. Die Sortimentbreite legt fest, wie viele „unterschiedliche" Güter Konsumenten im Rahmen eines Kaufaktes in einer Verkaufsstelle gleichzeitig erwerben können. Damit bezieht sie sich unmittelbar auf die Vielfalt der angebotenen Categories bzw. Subcategorys. Dagegen kennzeichnet die Sortimenttiefe die Reichhaltigkeit innerhalb einer bestimmten Category.

Die Verkaufsfläche begrenzt Breite und Tiefe des Sortiments. Die Entscheidung über die Zusammensetzung des Sortiments erfordert eine bewusste Selektion. Welche Artikel/Waren in das Sortiment aufgenommen werden bzw. welche eliminiert werden, ist eine originäre Aufgabe des Handelsmanagements. Aus einer suboptimalen Selektion resultieren nicht nur Opportunitätskosten. Verpasste Modetrends bewirken auch einen Vertrauensverlust der Kunden.

Aufgrund der hohen Bedeutung sortimentsspezifischer Entscheidungen empfiehlt Möhlenbruch eine spezifische Analyse des Handelsunternehmens, der definierten Zielkunden, der Wettbewerber sowie der relevanten Hersteller bzw. Lieferanten. Abbildung 38 gibt einen Überblick über sortimentsspezifische Entscheidungskriterien. Im Rahmen des CM-Konzepts ist die Sortimentgestaltung das wichtigste Aktionsfeld. CM wird dabei als Hebel verstanden, der dazu beiträgt, die Profillosigkeit der Sortimente zu beheben. Ziel ist es, das optimale Sortiment für den definierten Zielkunden zusammenzustellen. Die verstärkte Kundenorientierung impliziert, dass der Handel von der Einkauf-getriebenen hin zur Verkauf-getriebenen Sortimentgestaltung wechseln muss. Dahinter verbirgt sich die Vermutung, dass letztere den langfristigen Gewinn maximiert (vgl. Holzkämper, 1999, S. 31 und S. 84 ff.)

❑ **Einkauf-getriebene Sortimente:** Es werden nur jene Produkte in das Sortiment aufgenommen, die durch entsprechende Zahlungen, z.B. Konditionenzugeständnisse, von Herstellern gefördert werden. Wünsche und Bedürfnisse der Zielkunden stehen bei der Sortimentgestaltung nicht im Vordergrund. Somit bestimmen die „klassischen" Zielgrößen des Einkaufs, z.B. Mengen und Konditionen die Sortimententscheidung des Handels.

Kriterien in Bezug auf das Handelsunternehmen	Kriterien in Bezug auf die Zielgruppe(n)	Kriterien in Bezug auf die Wettbewerber	Kriterien in Bezug auf die Lieferanten
• Unternehmensphilosophie • Risikofreudigkeit • Kapitalbedarf/Liquidität • Marktanteil/-wachstum • Unternehmensgröße/-wachstum • Image • Marketingkonzept • Arbeitsplatzsicherung • Kosten- und Ertragsgrundsätze • „Fit" zu anderen Basisstrategien • Konsequenzen organisatorischer Veränderungen • Potenzialausschöpfung • bisherige Vertriebsstrategie(n) • Verbundbeziehungen im Sortiment • Synergieeffekte • ff.	• Werthaltung • Wertewandel • Konsum-/Lebensstil(e) • soziale Milieus • Marktpotenzial • Marktvolumen • Qualitätsbedürfnisse • Prestigebedürfnisse • Anteil an Konsumausgaben • Kaufnotwendigkeit bei der Zielgruppe • Kaufbedeutung bei der Zielgruppe • Problemlösungsbeitrag • Verbrauchernutzen • Möglichkeit der Gewinnung neuer Zielgruppen • Nachkaufverhalten • Informationsverhalten • Einkaufshäufigkeit • ff.	• Eintrittsbarrieren • Größe und Zahl der Wettbewerber • Stärken und Schwächen der Wettbewerber • Wettbewerbsintensität • Marktanteile der Wettbewerber • Finanzkraft • Kostensituation • Rentabilität • Marketingpotenzial • Beschaffungsvorteile • Sortimentaktivitäten • Sortimentaffinität • Reaktionszeiten • räumliche Verteilung • Affinität der Zielgruppe • Ressourcen der Wettbewerber • Innovationsverhalten • ff.	• Anzahl aktueller und potenzieller Lieferanten • Verhandlungsstärke • Zugang zu wichtigen Lieferanten • Liefersicherheit • Lieferrisiken • Lieferservice • Lieferantenflexibilität • Kooperationsbereitschaft • Bekanntheitsgrad • Konditionengestaltung • Austauschbarkeit von Lieferanten • Marktverhalten der Lieferanten • Möglichkeit der Lieferantenbindung • ff.

Abb. 38: Kriterien der Sortimentsentscheidung, Quelle: in Anlehnung an Möhlenbruch, 1994, S. 219

❑ **Verkauf-getriebene Sortimente:** Durch die Analyse des realisierten Abverkaufs hat der Handel die Möglichkeit, das Verhalten seiner Kunden zu verfolgen. Auf diese Weise lassen sich bestimmte Verhaltensmuster identifizieren, die auf bestimmte Bedürfnisse der Kunden hinweisen. Die Neuprodukte, die dem Zielkunden einen gewissen Nutzen versprechen, nimmt der Handel in das Sortiment auf und beobachtet, wie seine Kunden darauf reagieren.

Die Aufgabe der Sortimentneuausrichtung betrifft sowohl Aspekte der Effizienz und der Effektivität. Es geht einerseits darum, eine handlinggerechte Platzierung sowie ein effizientes Bestandsmanagement in den Filialen zu gewährleisten. Andererseits dient eine kundengerechte Sortimentgestaltung der Differenzierung und Profilierung gegenüber dem Wettbewerb.

4.3.3 Konzeptionelle Grundlagen der CM-Realisierung

4.3.3.1 Prozessschritte des CM

Die Besonderheit des CM liegt in der prozessualen Verknüpfung verschiedener Managementfunktionen. So verfügen zahlreiche Unternehmensberatungen über diverse CM-Prozessschemata. Der Zweck dieser Schemata besteht darin, ein systematisches Vorgehen bei der Planung, Steuerung und Kontrolle von Categories zu gewährleisten. Ziel ist es, das konzeptionelle Denken in der Zusammenarbeit von Hersteller und Handel zu kanalisieren. Aus den einzelnen Phasen lassen sich Inhalte und Schwerpunkte der Zusammenarbeit ableiten. Die entwickelten Prozessschemata orientieren sich an kybernetischen Regelkreiskonzepten. Demnach lassen sich Planungs-, Umsetzungs- sowie Kontrollaspekte unterscheiden. Die Planungsphase basiert auf einer detaillierten Ist-Analyse, auf deren Basis strategische und operative Entscheidungsobjekte identifiziert werden. Ein solches Vorgehen entspricht bekannten Ansätzen der Unternehmens- bzw. Marketingplanung (vgl. Abb. 39).

Schritt 1: Auswahl eines Category-Partners

Aus Sicht des Handels ist die Auswahl eines geeigneten Herstellers als Category-Partner von entscheidender Bedeutung. Die nachfolgenden Expertenstatements verdeutlichen, dass nicht nur die Marktstärke des Herstellers als entscheidungsrelevantes Kriterium herangezogen wird. Vielmehr spielen emotionale Faktoren sowie insbesondere die Kompetenz und das Know-how des Herstellers eine große Rolle.

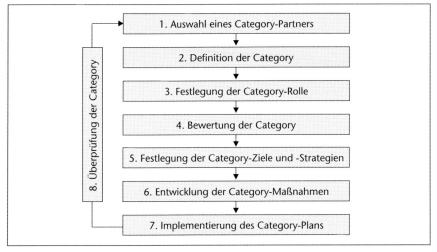

Abb. 39: Acht-Schritte-Planungsprozess des CM,
Quelle: in Anlehnung an Joint Industry Project on ECR, 1995,
S. 15 ff.; Milde, 1998, S. 294 ff.

Statements
Voigt, Media Markt Management GmbH: „Der Handel wählt in erster Linie den **Brand Leader** aus."   „Bestanden in der Vergangenheit **gute Beziehungen** zu einem bestimmten Hersteller, so hat dieser sicherlich gute Chancen, Category-Partner zu werden."
Kolodziej, dm-drogerie markt GmbH & Co. KG: „Die bestehende **emotionale Bindung** ist von Bedeutung."
Peritz, Coop Schweiz: „Der Hersteller muss über **entscheidungsrelevante Informationen** verfügen. Er betreibt selbst Marktforschung, oder er kauft Informationen bei den entsprechenden Instituten ein."
Ramp, Pick Pay AG: „Der Handel will ‚echte' Produktneuheiten. Jene Hersteller haben eine gute Chance, die **ausreichend Potenzial** (Geld, Know-how) besitzen und **Neuheiten schnell umsetzen** können."
Abraham, Karstadt AG: „Der Hersteller wird gewählt, der **am besten zeigen kann, wie der Handel wächst**. Wie entwickelt sich der Anteil der einzelnen Marken."
Ulmschneider, Globus Holding GmbH & Co. KG: „Der Hersteller muss **Kompetenz** mitbringen."
Mrosik, Douglas Holding AG: „Der Hersteller muss **über einen längeren Zeitraum** erfolgreich arbeiten."

Tab. 5: Wie wählt der Handel den Category-Partner aus? –
Statements von Handelsexperten

Statements
Herbst, Beiersdorf AG: *„Der Handel ist für **CM nicht unbedingt auf den Hersteller** angewiesen."*
Roncoroni, Procter & Gamble SA: *„Die Zusammenarbeit bringt nur etwas, wenn sie für beide Seiten vorteilhaft ist. Konkret muss der Hersteller **Markt-Know-how** haben, das der Händler nicht aufweisen kann."*
Helweg, Beiersdorf AG: *„Vom Hersteller wird **spezifisches Wissen** sowie **Kompetenz** auch über internationale Fragestellungen erwartet."*
Odermatt, Procter & Gamble SA: *„Die **Qualität des Lieferanten** sowie die **Besonderheiten der jeweiligen Branche** bestimmen die Bereiche der Zusammenarbeit."*

Tab. 6:   Wie wählt der Handel den Category-Partner aus? –
Statements von Herstellerexperten

Schritt 2: Definition der Category

Ziel der Category-Definition ist es, die relevanten Artikel innerhalb der Category festzulegen und anschließend die Category-Struktur zu bestimmen.

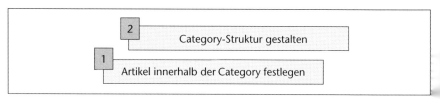

Abb. 40: Aufgaben während der Definition der Category

❏ Artikel innerhalb der Category festlegen

Die Auswahl der Artikel innerhalb einer Category kann nach den in Abbildung 41 dargelegten Gesichtspunkten erfolgen.

Unter dem Primat der Kundenorientierung fordern zahlreiche CM-Experten eine bedarfsgerechte Gestaltung der Categories (vgl. z.B. ECR-Europe, 1997, S. 38 f.). Der Bedarf ist ein sich konkretisierendes Bedürfnis. Der Verbraucher richtet sich dabei zum Zwecke der Bedürfnisbefriedigung auf ein Objekt, d.h. auf einen Artikel, aus. Die Maxime der bedarfsorientierten Gestaltung bedeutet, dass die richtigen (bedürfnisrelevanten) Artikel in der Verkaufsstelle am richtigen Ort, d.h. in der Nachbarschaft bedarfsverwandter Artikel, zu finden sind. Demnach sind alle Produkte in einer Category zusammenzufassen, die potenziell zur Befriedigung eines bestimmten Kundenbedürfnisses bei

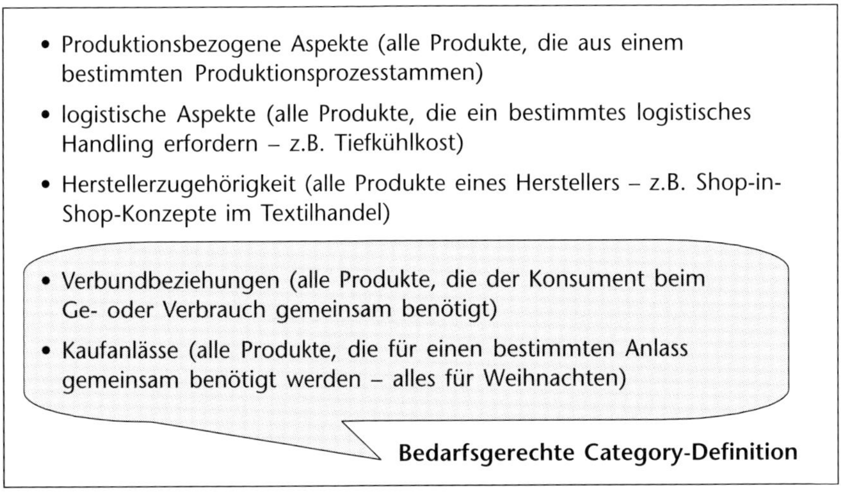

- Produktionsbezogene Aspekte (alle Produkte, die aus einem bestimmten Produktionsprozessstammen)

- logistische Aspekte (alle Produkte, die ein bestimmtes logistisches Handling erfordern – z.b. Tiefkühlkost)

- Herstellerzugehörigkeit (alle Produkte eines Herstellers – z.b. Shop-in-Shop-Konzepte im Textilhandel)

- Verbundbeziehungen (alle Produkte, die der Konsument beim Ge- oder Verbrauch gemeinsam benötigt)

- Kaufanlässe (alle Produkte, die für einen bestimmten Anlass gemeinsam benötigt werden – alles für Weihnachten)

Bedarfsgerechte Category-Definition

Abb. 41: Ausgewählte Kriterien für die Category-Definition

tragen. Dabei sind insbesondere Verbundbeziehungen zwischen verschiedenen Artikeln und Kaufanlässen relevant.

Fallbeispiel 15: Themenwelten bei Carrefour (vgl. Briem, 1998, S. 38)

Carrrefour startete im Jahre 1998 mit der themenorientierten Gestaltung seiner SB-Warenhäuser. Die Neuausrichtung begann im Nonfood-Sortiment. Dieses wurde in fünf große „univers", d.h. Themenwelten, eingeteilt: Haus, Kultur und Kommunikation, Freizeit/Entspannung, Körper/Gesundheit und Saisonangebote. Diese fünf großen Themen sind nochmals in konsumlogisch zusammenhängende Teilwelten gegliedert. Zu Körper und Gesundheit gehören beispielsweise Bekleidung und Mode; Körperpflege und diätische Produkte, Drogerie- und Pharmaartikel. Carrefour strebt innerhalb der einzelnen Welten eine Art „Boutiquen-Charakter" an, wobei die Grundidee „Alles unter einem Dach" unbedingt gewährleistet bleiben muss.

Silberer/Jaekel stellten fest, dass eine bedarfsgerechte Anordnung von Artikeln nicht immer vorteilhaft ist (vgl. Silberer/Jaekel, 1996, S. 256 f.). Demnach sind kaufrelevante Rahmenbedingungen, wie z.B. Zeitdruck, Komplexität und Erklärungsbedürftigkeit der Produkte, oder die Stimmungslage des Kunden nicht eindeutig zu bestimmen. So kann es sein, dass identische Personen bei einem Einkauf unter Zeitdruck eine klassische Anordnung nach Produktgruppen bevorzugen, während sie beim „entspannten" Wochenendeinkauf eine themenorientierte Category-Definition präferieren.

❏ Category-Struktur gestalten

Nach der Zuordnung der Artikel zu bestimmten Categories ist die Category-Struktur festzulegen. Die Struktur einer Category sollte sich an den Entscheidungsstrukturen der definierten Zielkunden orientieren. Das Ergebnis ist eine Sortimentpyramide, die dem Entscheidungsbaum des Zielkunden ähnelt (vgl. Fallbeispiele 15 und 16).

Fallbeispiel 16: Aufbau der Subcategory „Pizza" bei Dr. Oetker

Die Category „Tiefkühlkost" definiert sich zwangsläufig nach Maßgabe technologischer Vorgaben. Demnach bilden alle Produkte bzw. Produktgruppen, die am POS in Tiefkühltruhen angeboten werden, die Category. Die Verkaufsfläche – in den Tiefkühltruhen – ist sehr teuer und sollte aus diesem Grunde optimal genutzt werden. Ausgewählte Subcategories sind u.a. Pizza, Fertiggerichte und Backwaren.

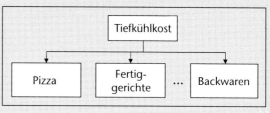

*Abb. 42: Aufbau der Category „Tiefkühlkost",
Quelle: Gockel, 1998*

Der kooperative CM-Ansatz richtet sich in der Regel auf die Gestaltung der einzelnen Subcategories. So definiert Dr. Oetker die Subcategory „Pizza" auf Basis konsumlogischer Überlegungen. Im Mittelpunkt steht der Entscheidungsbaum des Endverbrauchers. Abbildung 43 zeigt drei Entscheidungsebenen, die der Kunde eines nicht benannten Handelsunternehmens durchläuft, bevor er sich zum Kauf einer Pizza entscheidet. Auf der ersten Ebene trifft der Kunde die Entscheidung, ob er eine italienische, eher niedrigpreisig positionierte oder eine amerikanische, eher hochpreisig positionierte Pizza bevor-

*Abb. 43:
Aufbau der Category
„Pizza" bei einem
nicht benannten
Handelsunternehmen,
Quelle: Gockel, 1998*

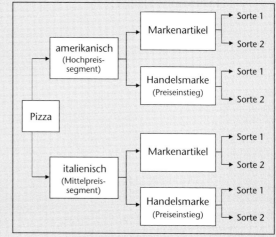

zugt. Auf der zweiten Ebene prüft der Kunde das bestehende Ange-
bot und wählt entweder den entsprechenden Markenartikel oder
die Eigenmarke des Handelsunternehmens aus. Auf der dritten Ebene entscheidet der Konsument über einzelne Sorten.

**Fallbeispiel 17: Kaufanlässe als Ordnungsrahmen der Category-
Definition bei Tesco (vgl. Biehl, 1998, 46 ff.)**

Seit 1997 ist Tesco bestrebt, die Categories aus Kundenperspektive
zu definieren. So war beispielsweise die Category Süßwaren bis 1997
aus Produktionssicht unterteilt. Den Kunden wurden die Untergrup-
pen Schokoladen und Zuckerwaren sowie Saisonware und Gebinde
angeboten. Heute bilden identifizierte Kaufanlässe den Ordnungsrahmen für die Category-Gestaltung. Demnach kauft der Kunde die
Schokolade entweder als Geschenk oder zum Selbstkonsum, zum
Sofortessen oder für zu Hause, für Erwachsene oder für Kinder.

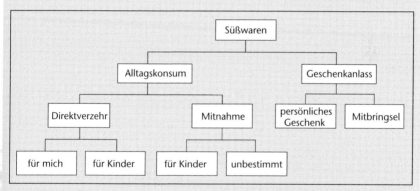

*Abb. 44: Aufbau der Category „Süßwaren" bei Tesco,
Quelle: Glendinning Management Consultants, 1998*

Aus Sicht des Handels ist die Entscheidung über die Listung von Eigenmarken eine zentrale Aufgabe. Im Rahmen der Category-Definition gilt es daher, die Attraktivität der Eigenmarken kritisch zu prüfen.
Dabei spielt der prozentuale Eigenmarkenanteil (Anzahl der Eigenmarken im Verhältnis zur Gesamtartikelzahl) eine nur untergeordnete Rolle.
Vielmehr geht es um das Verdrängungspotenzial, das eine Eigenmarke
gegenüber Markenartikeln aufweist. Weisen Markenartikel eine geringe Präferenzstärke auf, dann lohnt sich eventuell – zumindest aus
Sicht des Handels – die Listung von Eigenmarken. Das folgende Fallbeispiel verdeutlicht, dass ein hoher Eigenmarkenanteil beim Handel
ein kooperatives CM nicht ausschließt.

Fallbeispiel 18: Das Commercial-Excellence-Planning-Programm bei Tesco (vgl. Biehl, 1998, S. 46 ff.)

Tesco verfügt über umfassende Kompetenzen auf der Demand-Side, insbesondere über Markt-, Produkt- und Kunden-Know-how. Dieses Wissen resultiert aus der langjährigen Erfahrung mit Eigenmarken. In der für Tesco sehr bedeutenden Category „Convenience-Food" analysieren beispielsweise so genannte Customer Planner kontinuierlich Kundenwünsche und -bedürfnisse. Diese Erkenntnisse bringt Tesco konsequent in die Entwicklung von entsprechenden Eigenmarken ein.

Vor diesem Hintergrund weist Tesco ein „gesundes Selbstbewusstsein" auf, was zu der Überzeugung führte, Category Management auch ohne Unterstützung durch die Industrie betreiben zu können. Ziel ist es, die Kundenbedürfnisse bestmöglich zu treffen, Duplikate innerhalb der Categories zu vermeiden und dem Kunden eine „echte" Auswahl zu bieten.

Seit dem Jahr 1998 strebt Tesco auch absatzseitig eine intensivere Zusammenarbeit mit Herstellern an. So initiierte Tesco das so genannte „Commercial-Excellence-Planning"-Programm, das darauf abzielt, den Marktauftritt am POS durch eine intensivere Zusammenarbeit mit Herstellern zu verbessern. In einer ersten Veranstaltung im Jahre 1998 lud Tesco 1.400 Hersteller ein und informierte sie über Ziele und Inhalte des Programms. Demnach ist jeder Hersteller aufgefordert, sich mit intelligenten Ideen und Ansätzen zu beteiligen. Eine zentrale Herausforderung aus der Sicht von Tesco besteht darin, die Eigenmarkenentwicklung voll in das „Commercial Planning" und somit in das Category Management zu integrieren.

Durch das Commercial-Excellence-Planning-Programm demonstriert Tesco eine grundsätzliche Aufgeschlossenheit, mit Herstellern intensiver zusammenzuarbeiten. Das Programm gibt der Industrie einen spezifischen Einblick in die absatzseitige Ausrichtung von Tesco und zeigt Möglichkeiten und Grenzen der Zusammenarbeit auf. Die Grundvoraussetzung für eine intensivere Zusammenarbeit besteht darin, dass Hersteller die Eigenmarken von Tesco im Rahmen ihrer konzeptionellen Überlegungen umfassend berücksichtigen. Um das Leistungsniveau der Hersteller zu bewerten, arbeitet Tesco bereits seit mehreren Jahren mit einer Scorecard. Ergänzt wird die Scorecard durch ein Hersteller-„Benchmarking-Assessment", in das diverse Leistungskriterien einfließen. Tesco berücksichtigt die spezifischen Stärken und Schwächen in den einzelnen Categories, die Entwicklungsfähigkeiten und auch die strukturellen Voraussetzungen der Hersteller.

Anhand der Eigenmarken wird die Notwendigkeit deutlich, die Categories handelsspezifisch zu definieren. Dennoch greifen zahlreiche Handelsunternehmen auf die Category-Definitionen zurück, die von diversen Herstellern oder Marktforschungsinstituten vorgegeben werden. Dies ist insofern problematisch, da das CM unmittelbar an der Profilierung des Handels ansetzt, was eine zielgruppenspezifische Ausrichtung der Sortimente impliziert. Die unkritische Übernahme einer einheitlichen Category-Definition verschließt Profilierungspotenziale und fördert die wahrgenommene Austauschbarkeit der Verkaufsstellen nachhaltig.

Schritt 3: Definition der Category-Rolle

Die Category-Rolle ist Ausdruck der grundsätzlichen Bedeutung einer Category im Gesamtkonzept des Handelsgeschäftes. Die Festlegung der Category-Rolle dient u.a. dazu, Hinweise für die Allokation knapper Ressourcen, z.B. Regalplatz, zu gewinnen. Dabei sind Ziele und Strategien für einzelne Categories nicht isoliert zu definieren. Vielmehr ist es erforderlich, übergeordnete Unternehmens- und Marketingzielsetzungen des jeweiligen Handelsunternehmens zu beachten. Für eine solche Einordnung in ein Gesamtkonzept spricht, dass die Wahrnehmung der Konsumenten sich weniger auf einzelne Categories, sondern auf das „gesamte Einkaufserlebnis" richtet. Außerdem stehen die Categories über nachfrageseitige Verbundeffekte in einer interdependenten Beziehung. Die vom Handelsunternehmen gewählte Strategie muss sich im speziellen Rollenmix der einzelnen Categories widerspiegeln. In der Literatur finden sich meist fünf als beispielhaft charakterisierte Category-Rollen: Profilierung, Routine, saisonale Profilierung, Ergänzung und saisonale Ergänzung (vgl. Fallbeispiel 19).

Für die Zuweisung der Rollen zu Categories bietet sich die Durchführung so genannter Cross-Category-Analysen. Dies bedeutet, dass Categories nach definierten Aspekten in eine Rangfolge gebracht werden. Die nachfolgende Abbildung gibt einen Überblick über mögliche Analyseaspekte und deren Operationalisierung (vgl. Holzkämper, 1999, S. 73 f.).

Fallbeispiel 19: Category-Rollen bei dm-drogerie markt (Kolodziej und Schäfer, dm-drogerie markt GmbH & Co. KG.)

dm versteht unter einer Category eine abgrenzbare, eigenständige und steuerbare Gruppe von Produkten, welche die Konsumenten als zusammengehörig bzw. austauschbar in der Bedürfnisbefriedigung erkennen. Dementsprechend hat dm sechs Hauptcategories gebildet, Schönheit, Gesundheit, Baby, Haushalt, Tier und Foto, die ihrerseits in diverse Subcategories eingeteilt werden.

Entsprechend der Bedeutung der jeweiligen Category unterscheidet dm vier verschiedene Category-Rollen:

- „the best customer value"-Category (Profilierungskategorie – mehr als Konkurrenz)
- „customer value"-Category (Routinekategorie)
- „nice to find"-Category (Zusatzsortimente)
- „special offer"-Category (Saisonsortimente; z.B. Weihnachtsposten)

Aspekt	Mögliche Operationalisierung	Verfolgtes Ziel
Bedeutung der Category für den Zielkunden	Anteil des Category-Umsatzes, der mit dem Zielkunden erzielt wird	Ausrichtung am strategischen Zielkunden
Bedeutung der Category für das Handelsunternehmen	Durchschnittsmarge der Category	Ausrichtung am Gewinnpotenzial
Bedeutung der Category für die Handelskonkurrenz	Marktanteil des Händlers im Vergleich zum Marktanteil der Konkurrenz	Differenzierung von der Konkurrenz
Zukunftschancen der Category	Erwartetes Marktwachstum der Category	Zukunftssicherheit der Category-Rolle

Abb. 45: Analyse der Beurteilung der Categories,
Quelle: Holzkämper, 1999, S. 73

Schritt 4: Bewertung der Category

Die Analyse und Bewertung der Category hat den Zweck, strategische Lücken zwischen der definierten Soll- und der Ist-Situation einer Category zu identifizieren. Grundlage bilden die gegenwärtigen Category-Ergebnisse. Setzt die Profilierung einer Category einen Marktanteil von mindestens 32 Prozent voraus und erreicht ein Handelsunternehmen mit der definierten Profilierungscategory lediglich 28 Prozent dann besteht eine strategische Lücke von 4 Prozent. Auf Basis der identifizierten „gaps" lassen sich Category-Ziele ableiten.

Schritt 5: Festlegung der Category-Ziele und -Strategien

Nach der Bewertung der Category sind Unternehmen aufgefordert Ziele und Strategien abzuleiten. Auf der Grundlage der zugewiesenen

Category-Rolle und der Bewertung der Category gilt es, klare Zielvorgaben für die Weiterentwicklung der Category festzulegen. Ziele beziehen sich beispielsweise auf eine Steigerung von Umsatz, Marktanteil oder Marge. Die Category-Strategien dienen dazu, die anvisierten Ziele zu erreichen. Solche Strategien zielen z.B. darauf ab, die Kundenfrequenz durch attraktive Artikel zu steigern, den Durchschnittsbon durch die Stimulierung von Verbundkäufen zu erhöhen oder ein Kundenerlebnis über kreative Neuprodukte zu schaffen. Dabei lässt sich die jeweilige Rolle am besten durch einen Mix bestimmter Category-Strategien erreichen. Die Strategien beziehen sich entweder auf die gesamte Category, einzelne Teilbereiche oder aber auf einzelne Artikel. Dabei ist zu betonen, dass für jede Category neben der beschriebenen Demand-Side-Strategie auch Supply-Side-Strategien festzulegen sind.

Fallbeispiel 20 verdeutlicht den Zusammenhang zwischen der definierten Category-Rolle und den daraus abgeleiteten Strategien.

Fallbeispiel 20: Festlegung der Category-Rollen bei Albert Heijn (vgl. Biehl, 1997 a, S. 48 f.)

Bei der Optimierung der Warengruppen orientiert sich Albert Heijn an den jeweiligen Ertragsbeiträgen. Auf Basis von Activity-Based-Costing-Berechnungen wurden die einzelnen Categories unter Berücksichtigung von bestehenden Verbundbeziehungen analysiert und je nach Nettoertrag in ein Matrixschema eingeordnet.

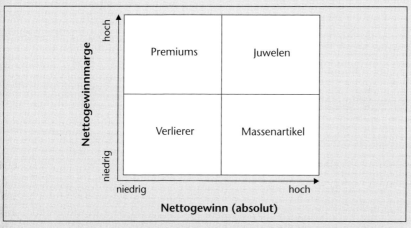

Abb. 46: Category-Rollen bei Albert Heijn

Auf dieser Grundlage definierte das Management sieben zentrale Warengruppen. Es gibt zwei Categories im Feld der Juwelen und der Premiums, einen Bereich für die Verlierer und zwei für Massenartikel. Im Bereich der Juwelen finden sich beispielsweise Wein, Snacks und Kaffee. Zu den Verlierern zählen Molkereiprodukte, Blumen, alkoholfreie Getränke, Bier und Backwaren. Premiumcategories sind u.a. Nonfood und Kosmetik.

Für jede der vier definierten Felder werden eigene Ziele formuliert. In den Bereichen Premium und Juwelen gilt es, den Marktanteil zu erhöhen oder zumindest zu halten. Hier strebt Albert Heijn die Marktführerschaft an, was den Einsatz eines umfassenden Marketinginstrumentariums verlangt. Bei den Massenartikeln geht es in erster Linie um eine Erhöhung der Spanne. Da der Absatz ohnehin relativ hoch ist, geht es u.a. darum, Kosteneinsparungen entlang der Supply Chain zu erreichen.

Die Entscheidung über Category-Rolle und abgeleitete Strategien obliegt in erster Linie dem jeweiligen Handelsunternehmen. Dennoch ist es möglich, dass Hersteller durch Informationen und Wissenstransfer bzw. Beratung an der Festlegung solcher Category-Ziele und -Strategien teilhaben. Category-Strategien sollten möglichst langfristig angelegte Handlungsrichtlinien wiedergeben. Für den Hersteller besteht die Herausforderung darin, Category-bezogene Ziele und Strategien zu entwickeln, die den übergeordneten Unternehmens- und Marketingzielsetzungen des Handelspartners entsprechen.

Schritt 6: Entwicklung der Category-Maßnahmen

Zu Beginn dieser Phase werden konkrete Maßnahmen innerhalb der zur Verfügung stehenden CM-Aktionsfelder gesammelt. Anschließend gilt es, jene Maßnahmen auszuwählen, welche die Category-Strategie bestmöglich umsetzen und den größten Beitrag zur Erreichung der definierten Category-Ziele leisten. Auf diese Weise kann beurteilt werden, ob die Maßnahmen ausreichen oder ob Anpassungen vorzunehmen sind.

Tabelle 7 gibt einen Überblick über Erfolg versprechende Maßnahmen, die der definierten Category-Rolle und den abgeleiteten Category-Strategien entsprechen.

Schritt 7: Implementierung des Category-Plans

Vor der eigentlichen Implementierung müssen die konzeptionellen, strukturellen und personell-kulturellen Rahmenbedingungen so gestaltet sein, dass die definierten CM-Strategien und -Maßnahmen bestmöglich realisiert werden können (detaillierte Hinweise für eine erfolgreiche Implementierung siehe Teil 2).

Schritt 8: Überprüfung des Erfolgs von CM-Aktivitäten

Nach der Implementierung des CM-Plans gilt es, in bestimmten Zeitabständen zu überprüfen, ob die gesetzten Leistungsstandards erreicht bzw. eingehalten werden. Schließlich ist ohne eine Erfolgsmessung kei

Category-Rolle	Category-Maßnahmen			
	Sortiment	Flächen-gestaltung	Preis-gestaltung	Aktionen
Profilierung	Komplette Vielfalt	Beste Lagen	Preis-führerschaft	Häufige und vielfältige Aktionen
Routine	Breite Vielfalt	Durchschnitt-liche Lagen	Permanent kompetitiv	Durchschnitt-liche Häufigkeit
Saisonale Profilierung	Komplette Vielfalt	Beste/gute Lagen	Saisonale Preisführer-schaft	Viele saisonale Aktionen
Ergänzung	Auswahl	Gute Lagen	Max. 15 % über Wett-bewerber	Geringe Aktionsaktivität
Saisonale Ergänzung	Auswahl	Verbleibende Lagen	Max. 15 % über Wett-bewerber	Saisonale Aktionen

Tab. 7:   Category-Rolle und Maßnahmenbereiche,
Quelle: Holzkämper, 1999, S. 80

ne Steuerung und Verbesserung des Gesamtprozesses möglich. Die Ursachen von Abweichungen müssen im Detail, d.h. innerhalb der einzelnen Aktivitäten, ermittelt werden. Bei der Fehleranalyse sollten insbesondere die betroffenen Mitarbeiter beteiligt sein. Anschließend sind die Fehlerquellen durch gezielte Maßnahmen zu beseitigen, wobei stets die Konsequenzen für den Gesamtprozess bedacht werden sollten. Zentraler Bestandteil der Überprüfung der Category-Entwicklung ist die Auswahl der erfolgsrelevanten Messgrößen bzw. Kennzahlen. Nachfolgend werden empirische Ergebnisse über die Bedeutung verschiedener Kennzahlen zur Überprüfung des Erfolgs von CM-Aktivitäten dargestellt (vgl. Abbildung 47 sowie Abbildung 48).

Beim Handel dominieren nach unseren Untersuchungsergebnissen die Kennzahlen Umsatz (10,4 Prozent) und Deckungsbeitrag pro Category (9,0 Prozent) (vgl. Abb. 47). Darüber hinaus sind die Kennzahlen Lagerumschlag (7,9 Prozent), Lagerbestände (7,7 Prozent) sowie Filialbestände (6,4 Prozent) relevant.

5 Prozent der Nennungen von Handelsexperten verdeutlichen, dass die Konditionenverbesserung nach wie vor ein relevanter Aspekt kooperativer CM-Aktivitäten ist. Dagegen kommen jene Kennzahlen, die insbesondere in der wissenschaftlichen Literatur mit dem Ansatz des CM in Verbindung gebracht werden – Kundenzufriedenheit (4,7 Prozent), Käuferreichweite (3,0 Prozent) und Bedarfsdeckungsgrad (3,6 Prozent) – in der Handelspraxis deutlich weniger zum Einsatz.

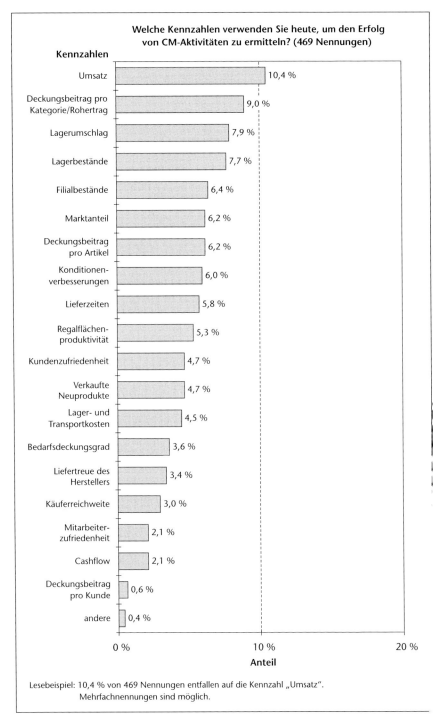

Welche Kennzahlen verwenden Sie heute, um den Erfolg von CM-Aktivitäten zu ermitteln? (469 Nennungen)

Kennzahlen

Kennzahl	Anteil
Umsatz	10,4 %
Deckungsbeitrag pro Kategorie/Rohertrag	9,0 %
Lagerumschlag	7,9 %
Lagerbestände	7,7 %
Filialbestände	6,4 %
Marktanteil	6,2 %
Deckungsbeitrag pro Artikel	6,2 %
Konditionenverbesserungen	6,0 %
Lieferzeiten	5,8 %
Regalflächenproduktivität	5,3 %
Kundenzufriedenheit	4,7 %
Verkaufte Neuprodukte	4,7 %
Lager- und Transportkosten	4,5 %
Bedarfsdeckungsgrad	3,6 %
Liefertreue des Herstellers	3,4 %
Käuferreichweite	3,0 %
Mitarbeiterzufriedenheit	2,1 %
Cashflow	2,1 %
Deckungsbeitrag pro Kunde	0,6 %
andere	0,4 %

0 %   10 %   20 %

Anteil

Lesebeispiel: 10,4 % von 469 Nennungen entfallen auf die Kennzahl „Umsatz".
Mehrfachnennungen sind möglich.

Abb. 47: Verwendete Kennzahlen zur Überprüfung der Erfolgs von CM-Aktivitäten – Handelsexperten

Hersteller greifen insbesondere auf die Kennzahlen Umsatz (11,3 Prozent der Herstellernennungen) und Marktanteil (10,7 Prozent) als Erfolgsindikator für CM-Aktivitäten zurück (vgl. Abb. 48). Darüber hinaus ist der Deckungsbeitrag pro Handelskunde (7,4 Prozent) und pro Artikel (7,2 Prozent) von hoher Bedeutung. Der Deckungsbeitrag berücksichtigt Umsatz sowie variable Kosten und verknüpft somit Effektivitäts- und Effizienzkriterien. Die hohe Bedeutung des Deckungsbeitrags pro Category (6,1 Prozent) impliziert, dass Hersteller sich nicht nur mit den eigenen Produkten bei der Beurteilung des CM-Erfolgs auseinander setzen, sondern explizit die Perspektive des Handels bei der Erfolgsanalyse berücksichtigen. Konditionenverbesserungen (2,6 Prozent) spielen im Vergleich zum Handel eine nur untergeordnete Rolle.

4.3.3.2 Detaillierungsgrad der CM-Planung

Es stellt sich die Frage, bis zu welchem Detaillierungsgrad ein kooperatives CM betrieben werden sollte. So können CM-Aktivitäten für verschiedene Vertriebstypen, für Regionen/Cluster[1] sowie für die einzelne Verkaufsstelle geplant werden (vgl. Abb. 49).

Aufgrund der Dynamik lokaler Veränderungen werden CM-Aktivitäten idealtypisch für jede Verkaufsstelle einzeln geplant. Dabei geht es sicherlich nicht um Fragen der grundsätzlichen, strategischen Ausrichtung. Vielmehr geht es darum, bestimmte CM-Aktionsfelder, z.B. Sortiment-, Aktionsgestaltung, an die spezifischen Besonderheiten der Verkaufsstelle im Hinblick auf Wettbewerber und Kunden anzupassen. Diese Ansätze des Mikromarketings basieren auf Erkenntnissen einer mikrogeographischen Marktsegmentierung. Durch Scannerdaten, Kundendatenbanken, mikrogeographische Daten sowie durch Kundenbefragungen ist es möglich, detailliertes Wissen über Bedarfsdeckungsgrad und Käuferreichweite einer Verkaufsstelle zu erwerben. So identifizierte beispielsweise dm-drogerie markt signifikante Nachfrageunterschiede zwischen Geschäften, die nur 500 Meter voneinander entfernt sind (Kolodziej und Schäfer, dm-drogerie markt GmbH & Co. KG.).

Allerdings ist die verkaufsstellenindividuelle Planung des CM aus ökonomischen Gründen für viele Unternehmen nur schwer zu vollziehen. Zwei Ansätze helfen, dem Idealziel der verkaufsstellenindividuellen Anpassung des CM annähernd gerecht zu werden. Bei der Modularisierung werden z.B. verschiedene Regalelemente fertig gestaltet. Für das einzelne Geschäft werden die passenden Regalelemente ausgewählt und zusammengestellt. Zudem besteht die Möglichkeit, Verkaufsstellen nach bestimmten Kriterien in Gruppen einzuteilen. Für einzelne Cluster können spezifische CM-Lösungen angewendet werden.

---

[1] Gruppe von Verkaufsstellen innerhalb einer Region bzw. eines Clusters.

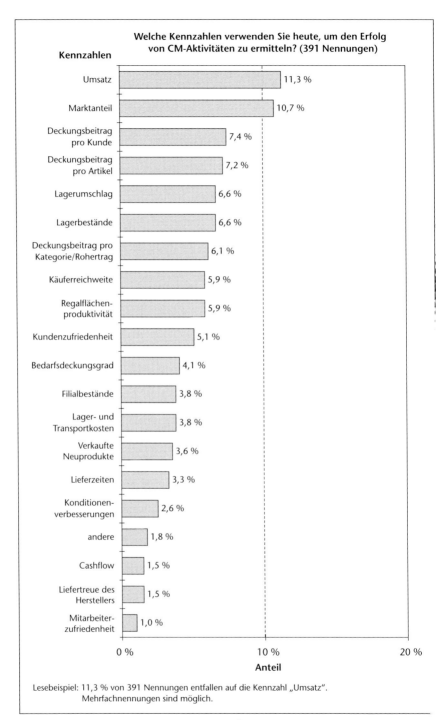

Abb. 48: Verwendete Kennzahlen zur Überprüfung der Erfolgs von CM-Aktivitäten – Herstellerexperten

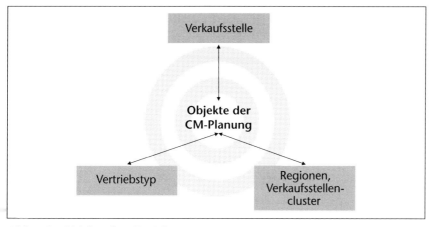

Abb. 49: Objekte der CM-Planung

4.3.3.3 Status quo der CM-Realisierung in der Praxis

❏ **Status quo der CM-Realisierung beim Handel**

Beim Handel ist die Nutzung von Scannerdaten an der Kasse, die quasi eine Grundvoraussetzung für ein professionelles CM darstellt, weitestgehend umgesetzt. 52,1 Prozent der befragten Handelsexperten attestieren eine vollständige und 33,3 Prozent eine teilweise Umsetzung (vgl. Abb. 50). Eine weitere Voraussetzung für CM ist der elektronische Datenaustausch via EDI. 4,1 Prozent der Handelsexperten bestätigen eine vollständige Implementierung, während 81,6 Prozent der Befragten eine partielle Umsetzung erkennen. Beide Maßnahmen setzen primär an der Effizienz der Leistungsgestaltung an und stehen am Anfang einer kooperativen Zusammenarbeit zwischen Hersteller und Handel. Die hohen Werte in Bezug auf den Grad der Umsetzung deuten darauf hin, dass der Handel die Notwendigkeit der Maßnahmen erkannt hat.

Insgesamt 91,9 Prozent der Handelsexperten geben an, dass eine Verbesserung des Warengruppendenkens teilweise bzw. vollständig umgesetzt sei.[1] Auch sind zahlreiche Handelsunternehmen bereit, strukturelle Anpassungen im Rahmen des CM-Konzepts zu vollziehen. In diesem Zusammenhang bestätigen 77,1 Prozent der Befragten, dass die Umwandlung der Einkaufs- und Merchandisingfunktion in eine CM-Struktur zumindest teilweise vollzogen sei.[2]

18,4 Prozent der Handelsexperten erkennen eine vollständige, 73,5 Prozent der Befragten bestätigen die partielle Umsetzung.

14,6 Prozent der Handelsexperten erkennen eine vollständige, 62,5 Prozent der Befragten bestätigen die partielle Umsetzung.

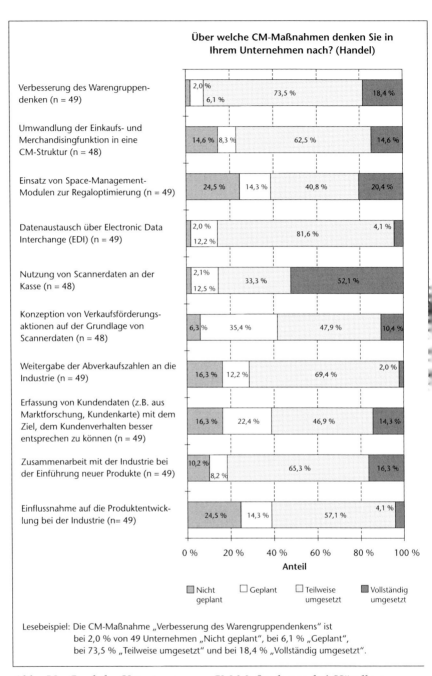

Über welche CM-Maßnahmen denken Sie in Ihrem Unternehmen nach? (Handel)

Verbesserung des Warengruppendenken (n = 49): 2,0 % | 6,1 % | 73,5 % | 18,4 %

Umwandlung der Einkaufs- und Merchandisingfunktion in eine CM-Struktur (n = 48): 14,6 % | 8,3 % | 62,5 % | 14,6 %

Einsatz von Space-Management-Modulen zur Regaloptimierung (n = 49): 24,5 % | 14,3 % | 40,8 % | 20,4 %

Datenaustausch über Electronic Data Interchange (EDI) (n = 49): 2,0 % | 12,2 % | 81,6 % | 4,1 %

Nutzung von Scannerdaten an der Kasse (n = 48): 2,1 % | 12,5 % | 33,3 % | 52,1 %

Konzeption von Verkaufsförderungsaktionen auf der Grundlage von Scannerdaten (n = 48): 6,3 % | 35,4 % | 47,9 % | 10,4 %

Weitergabe der Abverkaufszahlen an die Industrie (n = 49): 16,3 % | 12,2 % | 69,4 % | 2,0 %

Erfassung von Kundendaten (z.B. aus Marktforschung, Kundenkarte) mit dem Ziel, dem Kundenverhalten besser entsprechen zu können (n = 49): 16,3 % | 22,4 % | 46,9 % | 14,3 %

Zusammenarbeit mit der Industrie bei der Einführung neuer Produkte (n = 49): 10,2 % | 8,2 % | 65,3 % | 16,3 %

Einflussnahme auf die Produktentwicklung bei der Industrie (n= 49): 24,5 % | 14,3 % | 57,1 % | 4,1 %

0 %   20 %   40 %   60 %   80 %   100 %

Anteil

■ Nicht geplant   ☐ Geplant   ☐ Teilweise umgesetzt   ■ Vollständig umgesetzt

Lesebeispiel: Die CM-Maßnahme „Verbesserung des Warengruppendenkens" ist bei 2,0 % von 49 Unternehmen „Nicht geplant", bei 6,1 % „Geplant", bei 73,5 % „Teilweise umgesetzt" und bei 18,4 % „Vollständig umgesetzt".

Abb. 50: Grad der Umsetzung von CM-Maßnahmen bei Händlern

Aufgeschlossen zeigt sich der Handel gegenüber der Weitergabe von Abverkaufszahlen an die Industrie. 69,4 Prozent der Befragten bestätigen eine partielle Umsetzung. Doch wird der Handel die Abverkaufszahlen nicht ohne entsprechende Gegenleistung an Hersteller weitergeben. Ebenfalls positiv wird die Zusammenarbeit mit der Industrie bei der Einführung neuer Produkte bewertet. Insgesamt 81,6 Prozent der Handelsexperten bestätigen die teilweise bzw. vollständige Umsetzung.[1] Dagegen findet eine Zusammenarbeit bei der Produktentwicklung deutlich seltener statt. 24,4 Prozent der Befragten gaben an, dass eine gemeinsame Produktentwicklung nicht geplant sei.

❑ Status quo der CM-Realisierung beim Hersteller

78 Prozent der Herstellerexperten geben an, dass die Verbesserung des Warengruppendenkens zumindest teilweise umgesetzt sei.[2] Dies verdeutlicht, dass ein Großteil der befragten Hersteller die Notwendigkeit erkannt hat, die eigene produktbezogene Perspektive zu erweitern.

Vergleichbar den Handelsexperten beurteilen Hersteller den Verbreitungsgrad der so genannten „enabling technologies" sehr positiv. So attestieren 18 Prozent der Experten eine komplette, 64 Prozent eine teilweise Implementierung des EDI.

Weit fortgeschritten zeigen sich Hersteller im Umgang mit Verwenderdaten, z.B. aus Marktforschung oder Haushaltspanel. 32 Prozent der befragten Experten bestätigen eine vollständige Umsetzung entsprechender Maßnahmen. 40 Prozent attestieren eine teilweise Umsetzung. Hier scheinen Hersteller wesentlich professioneller als Händler, die in Bezug auf die Erfassung von Kundendaten einen deutlich geringeren Grad der Umsetzung erreicht haben.

Divergenzen zwischen Hersteller und Handel ergeben sich in Bezug auf die strukturelle Verankerung des CM. Hier lehnen 40 Prozent der Hersteller eine Umwandlung der Absatzorganisation in eine CM-Struktur ab. Ebenso kritisch beurteilen Hersteller eine kooperative Produktentwicklung. 45,8 Prozent der Experten verweigern eine Zusammenarbeit in diesem Bereich. Gerade bei der Produktentwicklung fürchten zahlreiche Hersteller einen Verlust der eigenen Kernkompetenz.

16,3 Prozent der Handelsexperten erkennen eine vollständige, 65,3 Prozent der Befragten bestätigen die partielle Umsetzung.

26 Prozent der Handelsexperten erkennen eine vollständige, 52 Prozent der Befragten bestätigen die partielle Umsetzung (vgl. Abb. 51).

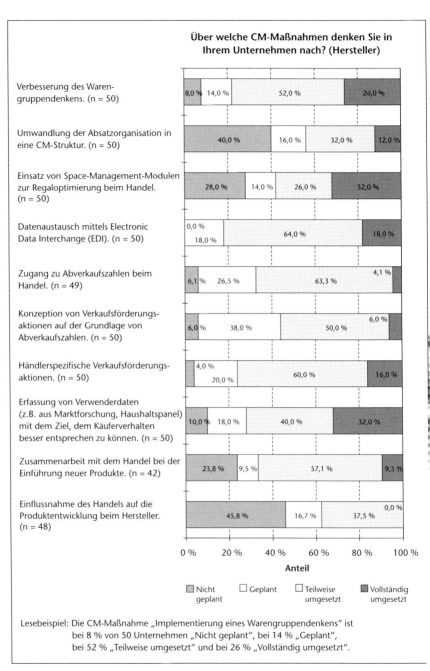

Über welche CM-Maßnahmen denken Sie in Ihrem Unternehmen nach? (Hersteller)

Verbesserung des Waren-
gruppendenkens. (n = 50)
8,0 % | 14,0 % | 52,0 % | 26,0 %

Umwandlung der Absatzorganisation in
eine CM-Struktur. (n = 50)
40,0 % | 16,0 % | 32,0 % | 12,0 %

Einsatz von Space-Management-Modulen
zur Regaloptimierung beim Handel.
(n = 50)
28,0 % | 14,0 % | 26,0 % | 32,0 %

Datenaustausch mittels Electronic
Data Interchange (EDI). (n = 50)
0,0 % | 18,0 % | 64,0 % | 18,0 %

Zugang zu Abverkaufszahlen beim
Handel. (n = 49)
6,1 % | 26,5 % | 63,3 % | 4,1 %

Konzeption von Verkaufsförderungsaktionen auf der Grundlage von
Abverkaufszahlen. (n = 50)
6,0 % | 38,0 % | 50,0 % | 6,0 %

Händlerspezifische Verkaufsförderungsaktionen. (n = 50)
4,0 % | 20,0 % | 60,0 % | 16,0 %

Erfassung von Verwenderdaten
(z.B. aus Marktforschung, Haushaltspanel)
mit dem Ziel, dem Käuferverhalten
besser entsprechen zu können. (n = 50)
10,0 % | 18,0 % | 40,0 % | 32,0 %

Zusammenarbeit mit dem Handel bei der
Einführung neuer Produkte. (n = 42)
23,8 % | 9,5 % | 57,1 % | 9,5 %

Einflussnahme des Handels auf die
Produktentwicklung beim Hersteller.
(n = 48)
45,8 % | 16,7 % | 37,5 % | 0,0 %

0 %   20 %   40 %   60 %   80 %   100 %

Anteil

■ Nicht   □ Geplant   □ Teilweise   ■ Vollständig
geplant   umgesetzt   umgesetzt

Lesebeispiel: Die CM-Maßnahme „Implementierung eines Warengruppendenkens" ist
bei 8 % von 50 Unternehmen „Nicht geplant", bei 14 % „Geplant",
bei 52 % „Teilweise umgesetzt" und bei 26 % „Vollständig umgesetzt".

Abb. 51: Grad der Umsetzung von CM-Maßnahmen bei Herstellern

Teil II

Vorgehenskonzept für eine erfolgreichere Konzeption und Umsetzung von ECR-Projekten

1 Hemmnisse bei der Realisierung

Bislang wurden die konzeptionellen Grundlagen der verschiedenen ECR-Betätigungsfelder dargestellt. Im folgenden Abschnitt steht der Realisierungsprozess von ECR-Kooperationen im Mittelpunkt. Dieser wurde in der Vergangenheit durch diverse Hemmnisse beeinträchtigt, die wir nachfolgend anhand empirischer Studienergebnisse näher umschreiben (vgl. Abb. 52 und Abb. 53). Entsprechend dem St. Galler Managementansatz lassen sich **konzeptionelle, personell-kulturelle** sowie **strukturelle** Probleme unterscheiden, die während der drei Hauptphasen der Kooperationsrealisierung: **Entstehung, Konzeption** und **Umsetzung** auftreten können.

Die meisten Experten beklagen „sich widersprechende, interne Prioritäten" (60 Nennungen[1]), vergleiche zu den folgenden Ausführungen Abbildung 52 und Abbildung 53. Dieses Problem ist insbesondere der **konzeptionellen** Managementebene zuzuordnen und tritt besonders häufig während der Konzeptions- und Umsetzungsphase auf. Weitere Probleme, die auf eine mangelnde konzeptionelle Grundlage hinweisen, sind „zu hoher Zeitdruck" (51 Nennungen), „schlecht gepflegtes/ unzuverlässiges Datenmaterial" (50 Nennungen), „zu hoher Ergebnisdruck" (43 Nennungen), „mangelnde Kompatibilität der Ziele" (37 Nennungen) sowie „nicht genügend Erfolgsmesssysteme" (36 Nennungen).

Das Problem des „unzureichend qualifizierten und unerfahrenen Personals" (52 Nennungen) ist der **personell-kulturellen** Managementebene zuzuordnen und tritt in allen Realisierungsphasen auf. Aus diesem Grunde sollte die Personalentwicklung als Querschnittsaufgabe den gesamten Kooperationsprozess begleiten.

Ebenfalls von großer Bedeutung sind „Konflikte zwischen verschiedenen Abteilungen bzw. Funktionsbereichen" (47 Nennungen). Diese beruhen auf u.a. auf Ressortegoismen und treten insbesondere während der Konzeptions- und Umsetzungsphase auf. Weitere Probleme sind „Dominanz eines Kooperationspartners" (39 Nennungen) sowie „mangelnde Unterstützung durch das Topmanagement" (38 Nennungen).

Neben den konzeptionellen und personell-kulturellen sind **strukturelle** Problembereiche vorhanden. So behindert insbesondere „eine funktionale Organisationsstruktur" den erfolgreichen Verlauf von Kooperationsprojekten (42 Nennungen) zwischen Industrie und Handel. Eine funktionale Struktur wird häufig mit einer mangelnden Abstimmung von Funktions- und Aufgabenträger in Verbindung gebracht. Dies wirkt sich gerade bei ECR-Kooperationen, die in der Regel multifunktional ausgerichtet sind, negativ aus.

Mehrfachnennungen waren möglich.

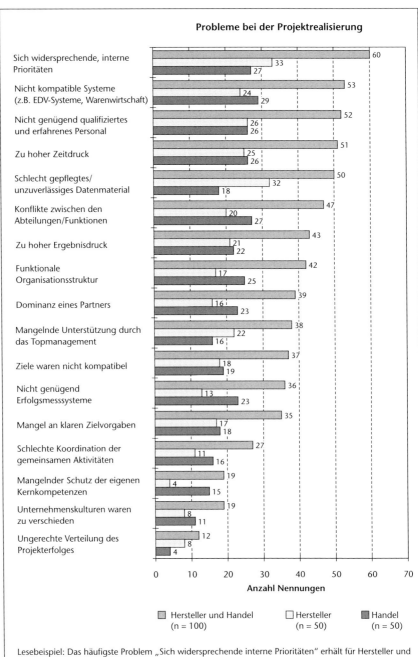

Probleme bei der Projektrealisierung

Sich widersprechende, interne Prioritäten — 60 / 33 / 27

Nicht kompatible Systeme (z.B. EDV-Systeme, Warenwirtschaft) — 53 / 24 / 29

Nicht genügend qualifiziertes und erfahrenes Personal — 52 / 26 / 26

Zu hoher Zeitdruck — 51 / 25 / 26

Schlecht gepflegtes/ unzuverlässiges Datenmaterial — 50 / 32 / 18

Konflikte zwischen den Abteilungen/Funktionen — 47 / 20 / 27

Zu hoher Ergebnisdruck — 43 / 21 / 22

Funktionale Organisationsstruktur — 42 / 17 / 25

Dominanz eines Partners — 39 / 16 / 23

Mangelnde Unterstützung durch das Topmanagement — 38 / 22 / 16

Ziele waren nicht kompatibel — 37 / 18 / 19

Nicht genügend Erfolgsmesssysteme — 36 / 13 / 23

Mangel an klaren Zielvorgaben — 35 / 17 / 18

Schlechte Koordination der gemeinsamen Aktivitäten — 27 / 11 / 16

Mangelnder Schutz der eigenen Kernkompetenzen — 19 / 4 / 15

Unternehmenskulturen waren zu verschieden — 19 / 8 / 11

Ungerechte Verteilung des Projekterfolges — 12 / 8 / 4

0   10   20   30   40   50   60   70

Anzahl Nennungen

▨ Hersteller und Handel (n = 100)   ☐ Hersteller (n = 50)   ■ Handel (n = 50)

Lesebeispiel: Das häufigste Problem „Sich widersprechende interne Prioritäten" erhält für Hersteller und Handel zusammen 60 Nennungen. Bei den Herstellern entfallen auf dieses Problem 33 Nennungen, beim Handel sind es 27 Nennungen.

Abb. 52: Hemmnisse bei der Realisierung von ECR-Kooperationen

Vorgehenskonzept für ECR-Projekte

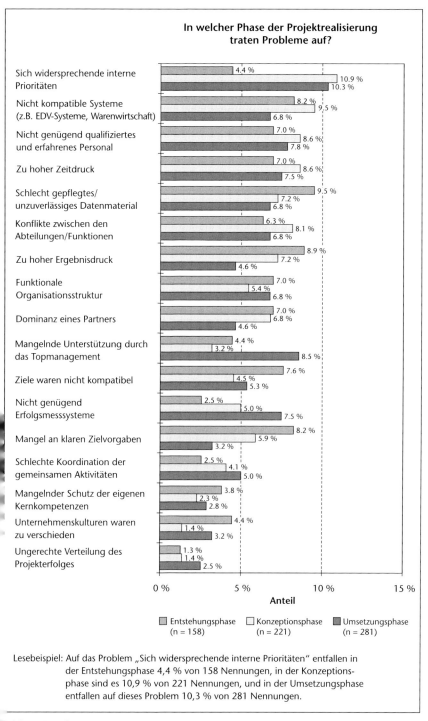

In welcher Phase der Projektrealisierung traten Probleme auf?

Sich widersprechende interne Prioritäten
4.4 %
10.9 %
10.3 %

Nicht kompatible Systeme (z.B. EDV-Systeme, Warenwirtschaft)
8.2 %
9.5 %
6.8 %

Nicht genügend qualifiziertes und erfahrenes Personal
7.0 %
8.6 %
7.8 %

Zu hoher Zeitdruck
7.0 %
8.6 %
7.5 %

Schlecht gepflegtes/ unzuverlässiges Datenmaterial
9.5 %
7.2 %
6.8 %

Konflikte zwischen den Abteilungen/Funktionen
6.3 %
8.1 %
6.8 %

Zu hoher Ergebnisdruck
8.9 %
7.2 %
4.6 %

Funktionale Organisationsstruktur
7.0 %
5.4 %
6.8 %

Dominanz eines Partners
7.0 %
6.8 %
4.6 %

Mangelnde Unterstützung durch das Topmanagement
4.4 %
3.2 %
8.5 %

Ziele waren nicht kompatibel
7.6 %
4.5 %
5.3 %

Nicht genügend Erfolgsmesssysteme
2.5 %
5.0 %
7.5 %

Mangel an klaren Zielvorgaben
8.2 %
5.9 %
3.2 %

Schlechte Koordination der gemeinsamen Aktivitäten
2.5 %
4.1 %
5.0 %

Mangelnder Schutz der eigenen Kernkompetenzen
3.8 %
2.3 %
2.8 %

Unternehmenskulturen waren zu verschieden
4.4 %
1.4 %
3.2 %

Ungerechte Verteilung des Projekterfolges
1.3 %
1.4 %
2.5 %

0 %   5 %   10 %   15 %

Anteil

▨ Entstehungsphase (n = 158)   ☐ Konzeptionsphase (n = 221)   ▨ Umsetzungsphase (n = 281)

Lesebeispiel: Auf das Problem „Sich widersprechende interne Prioritäten" entfallen in der Entstehungsphase 4,4 % von 158 Nennungen, in der Konzeptionsphase sind es 10,9 % von 221 Nennungen, und in der Umsetzungsphase entfallen auf dieses Problem 10,3 % von 281 Nennungen.

Abb. 53: Phasenspezifische Zuordnung der Hemmnisse

Offensichtlich ist, dass in der ECR-Praxis der konzeptionellen Ebene eine überragende Bedeutung zukommt. Dabei stehen insbesondere die von ECR-Boards und diversen Unternehmensberatungen propagierten Phasenschemata im Mittelpunkt (vgl. Günther, 1999, S. 696). Diese unterliegen einer fortlaufenden Weiterentwicklung und versprechen eine immer höhere Qualität der Zusammenarbeit. Im Kern geht es um eine Verfeinerung und Professionalisierung der kooperativen Planungen. Die angebotenen Methoden und Systematiken helfen, eine einheitliche, sachbezogene „Sprache" zwischen Industrie und Handel zu gewährleisten. Damit schaffen sie eine wichtige Grundlage für kooperative Planungs-, Steuerungs- und Kontrollprozesse. So „feilen" Industrie und Handel an immer besseren Lösungen und Konzepten, vernachlässigen aber den Umstand, dass Kooperationsprojekte tief greifende Veränderungsprozesse auslösen.

Die Ergebnisse der empirischen Untersuchung verdeutlichen die hohe Bedeutung der strukturellen sowie der personell-kulturellen Rahmenbedingungen. Doch finden die beiden genannten Managementebenen im Rahmen konzeptioneller Überlegungen bisher nur selten Berücksichtigung. Es mangelte an Methoden, die beispielsweise helfen, die Motivation und das Engagement der Mitarbeiter zu fördern oder Konflikte zwischen den Kooperationspartnern frühzeitig zu identifizieren und zu beseitigen. Als Konsequenz beeinträchtigen strukturelle sowie personell-kulturelle Hemmnisse insbesondere die gemeinsame Konzeption und die Umsetzung von ECR-Kooperationen. Das im Folgenden dargestellte Vorgehenskonzept ergänzt bestehende Ansätze und trägt dazu bei, die beschriebenen Defizite zu beseitigen.

2 Phasenorientierte Strukturierung der Kooperation

Kooperationen zwischen Industrie und Handel können unabhängig davon, ob sie projektbezogen oder auf Dauer angelegt sind, einer Lebenszyklusbetrachtung unterzogen werden. Diese unterteilt die Kooperationsplanung und -implementierung in aufgabenspezifische Teilschritte. Wenngleich ein solches Phasenkonzept nicht als streng sequentielle Abfolge logischer Entwicklungsstufen zu verstehen ist, so dient es dennoch einer systematischen und strukturierten Analyse des Kooperationsverlaufs. Die Vorteile einer lebenszyklusorientierten Betrachtung des Kooperationsmanagements liegen insbesondere in den folgenden Aspekten begründet (vgl. Kraege, 1997, S. 85):

❑ Möglichkeit einer ganzheitlichen Betrachtung des Entwicklungsverlaufes von der Kooperationsinitiierung bis zur -auflösung

❏ frühzeitiges Erkennen von Handlungs- und Anpassungsbedarf

❏ Möglichkeit zum phasenspezifischen Aufdecken von kooperationsfördernden und -hemmenden Einflussfaktoren

❏ Möglichkeit der Zuordnung von Problemlösungen und Methoden zu einzelnen, abgrenzbaren Phasen der Zusammenarbeit

Vor diesem Hintergrund soll im Folgenden ein Vorgehenskonzept skizziert und der Versuch einer deskriptiven Zuordnung von Managementaufgaben zu den einzelnen Phasen unternommen werden. Dabei lassen sich drei Hauptphasen der Kooperation – Entstehung, Konzeption sowie Umsetzung – unterscheiden, die sich in diverse Subphasen untergliedern lassen. Zwischen den einzelnen Phasen gibt es Vor- und Rückkopplungsschritte. Jeweils am Ende einer Phase folgen Entscheidungszäsuren in der Form von Absichtserklärungen und Verträgen.

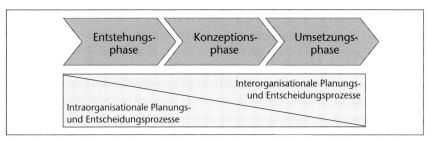

Abb. 54: Hauptphasen der Realisierung von ECR-Kooperationen

In der Literatur besteht weitgehend Konsens über den groben Ablauf des Kooperationslebenszyklus (vgl. Schnoedt, 1994, S. 60). Der eigentlichen Konzeption und Umsetzung von Kooperationen geht ein mehrstufiger Entscheidungsprozess voraus, der in die Phasen Initiierung, Partnersuche und -selektion sowie Kooperationsentscheid und Konstituierung unterteilt werden kann. Nach Letzterer planen Industrie und Handel den konkreten Ablauf der Kooperationsrealisierung. Anschließend erfolgt die Implementierung sowie die Kontrolle bzw. Weiterentwicklung der Kooperation. Während die Initiierung sowie die Partnersuche durch intraorganisationale Planungs- und Entscheidungsprozesse geprägt sind, nehmen im Verlauf der Kooperationsrealisierung die interorganisationalen Vereinbarungen zu.

Das Vorgehenskonzept hat den Anspruch einer allgemein gültigen Methodik, die von Herstellern als auch von Händlern eingesetzt werden kann (vgl. Abb. 55). Dabei stehen kooperative Planungs-, Steuerungs- und Kontrollprozesse im Blickpunkt, deren Herzstück das Modul „integrierte Ablaufplanung" darstellt. Hier gilt es, konzeptionelle, strukturelle und personell-kulturelle Rahmenbedingungen der Zusammenarbeit zwischen Hersteller und Handel zu berücksichtigen.

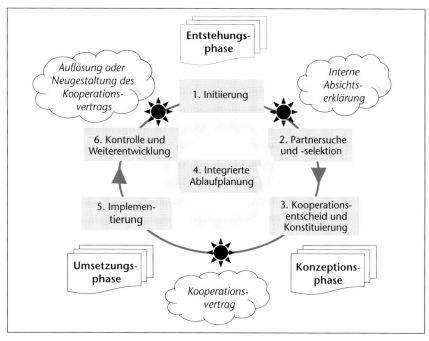

Abb. 55: Modulsystem zur Steigerung des Erfolgs von ECR-Projekten

3 Phase 1: Entstehung

3.1 Initiierung

3.1.1 Analyse der strategischen Ausgangsposition

Die Initiierung, die letztlich ECR-Kooperationen begründet, kann mehrere Ursachen haben:

❑ Im Rahmen der formalen Strategieentwicklung identifiziert ein Unternehmen eine strategische Lücke im Sinne nicht ausgeschöpfter Erfolgspotenziale.

❑ Unbefriedigende Unternehmensergebnisse (z.B. Negativentwicklung einer Warengruppe) zwingen zum Handeln.

❑ Führungskräfte entwickeln eine eigene Kooperationsidee und begründen entsprechende Projekte.

❑ Potenzielle Kooperationspartner treten mit einer konkreten Vorstellung an das betreffende Unternehmen heran.

❑ Die Schlagworte ECR oder CM sensibilisieren Führungskräfte. Die Initiierung erfolgt, um den Anschluss an einen vermeintlicher Trend nicht zu verpassen.

Gleichgültig welche Ursache die Kooperationsinitiierung hat, gilt es in einem ersten Schritt, eine detaillierte Analyse der strategischen Ausgangsposition durchzuführen. Grundlage der Analyse sind die definierten Kernprozesse und -aktivitäten sowie die vorhandenen Kernkompetenzen, welche die strategische Position eines Unternehmens determinieren. Die funktionsübergreifende Ausrichtung der Analyse impliziert, dass mehrere Teamsitzungen mit unterschiedlichen Teilnehmern aus verschiedenen Unternehmensbereichen stattfinden sollten. Es bietet sich ein zweistufiges Vorgehen an (vgl. Abb. 56).

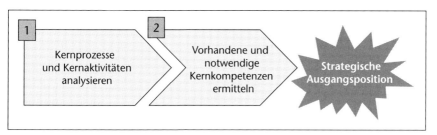

Abb. 56: Vorgehen zur Identifikation von Kernkompetenzen

3.1.1.1 Kernprozesse und Kernaktivitäten analysieren

Auf Basis des zugrunde liegenden Geschäftsmodells sind jene Prozesse zu analysieren, die entscheidend den Unternehmenserfolg bestimmen. Diese Kernprozesse tragen maßgeblich dazu bei, die angestrebte Differenzierung gegenüber der Konkurrenz zu erreichen. Die Definition der Kernprozesse ist als strategische Aufgabe zu charakterisieren und insbesondere der Geschäftsleitung bzw. dem Topmanagement zuzuordnen. Dabei geht es um die grundsätzliche Positionierung am Markt, die aus spezifischen Leistungskomponenten resultiert und mit der Leistungsgestaltung der Wettbewerber um die Gunst der Kunden konkurriert.

Bei der Analyse der Kernprozesse und -aktivitäten lassen sich eine interne und eine externe Perspektive unterscheiden. Im Rahmen der **internen Analyse** gilt es, alle am Prozess beteiligten Personen und Unternehmenseinheiten zu identifizieren. Es stehen die typischen W-Fragen im Mittelpunkt.

❏ Wie lässt sich die einzelne Aktivität beschreiben?

❏ Wer sind die Durchführenden der Aktivität?

❏ Mit wem arbeitet der Durchführende zusammen bzw. mit wem muss er sich abstimmen?

❏ Wie lange dauert die Aktivität, wann ist die Aktivität spätestens beendet?

❏ Was ist die Wirkung bzw. das Resultat der Aktivität?

Die interne Analyse ermöglicht es, die eigentliche Wertschöpfung von so genannten „Blindleistungen" abzugrenzen. Blindleistungen verbrauchen Ressourcen, schaffen aber keinen Mehrwert. Aus der differenzierten Betrachtung wird das mögliche Einsparungspotenzial ersichtlich. Es zeigen sich kapazitäts-, verrichtungs-, leistungs-, zeit- und personenbezogene Defizite und Abstimmungsnotwendigkeiten.

Im Mittelpunkt der **externen Analyse** steht der Endverbraucher mit seinen Anforderungen und Erwartungen. Zu ergänzen ist die Analyse der Kunden durch die Betrachtung der relevanten Wettbewerber. Sind die Leistungsangebote zweier konkurrierender Anbieter vergleichbar, dann kann eine Wettbewerbsdifferenzierung nur über effizientere, d.h. kostengünstigere und schnellere Prozessabläufe erreicht werden. Dabei spielen u.a. Volumen- und Größeneffekte bei Beschaffung und Absatz eine Rolle.

3.1.1.2 Vorhandene und notwendige Kernkompetenzen ermitteln

Im zweiten Schritt gilt es, die inhaltlichen Ziele der identifizierten Kernprozesse und -aktivitäten zu hinterfragen und gegebenenfalls neu zu definieren. Die Ziele bestimmen die strategische Ausrichtung des Unternehmens und verweisen auf jene Kernkompetenzen, die notwendig sind, um Kernprozesse und -aktivitäten entsprechend der Zielsetzung zu vollziehen. Aus dem Vergleich zwischen vorhandenen und erforderlichen Kernkompetenzen resultiert ein spezifischer Handlungsbedarf. Ergeben sich Divergenzen, so stellt sich die grundsätzliche Frage, ob die Kooperation geeignet ist, die identifizierten Defizite zu beheben oder ob das Unternehmen im Sinne einer „go-alone"-Strategie eigenständig notwendige Kernkompetenzen aufbauen sollte.

3.1.2 Kooperationsvision und -ziele

Während die Analyse der strategischen Ausgangsposition ein systematisches Vorgehen erfordert, verlangt die Definition einer Kooperationsvision einen kreativen Prozess, der insbesondere vom Topmanagement getragen werden sollte. Die Formulierung einer Kooperationsvision betont den hohen Stellenwert der Kooperationsstrategie und setzt eine grundsätzliche Aufgeschlossenheit gegenüber potenziellen Kooperationspartnern voraus (vgl. Fallbeispiel 21).

Fallbeispiel 21: Die Kooperationsvision von dm-drogerie markt
(Kolodziey und Schäfer, dm-drogerie markt GmbH & Co. KG.)

dm-drogerie markt versteht sich als ein innovatives Unternehmen. Die Orientierung an Innovationen impliziert eine sehr dynamische und flexible Ausrichtung sowie eine grundsätzliche Aufgeschlossenheit gegenüber externen Marktpartnern, mit denen dm gemeinsam innovative Lösungen und Konzepte erarbeitet und umsetzt. Der hohen Bedeutung der Kooperationsstrategie wird dm durch die Formulierung einer Kooperationsvision gerecht, welche die grundsätzliche Einstellung und Ausrichtung von dm verdeutlicht: „Wir wollen mit unseren Partnern eine langfristige, zuverlässige und faire Zusammenarbeit pflegen, damit für sie erkennbar wird, dass wir ein Partner sind, mit dem sie ihre Zielsetzungen verwirklichen können". Dabei geht es für dm-drogerie markt insbesondere darum, „[...] das Wesen des Kooperationspartners zu erkennen sowie seine Eigentümlichkeiten anzuerkennen" (Kolodziey, dm-drogerie markt GmbH & Co. KG.).

Die Existenz einer Kooperationsvision unterstützt den organisatorischen Wandel. Die Vision vermittelt den Mitarbeitern in Zeiten des Umbruchs die notwendige Orientierung und „[...] eröffnet ihnen Perspektiven einer attraktiven Zukunft, für die es sich lohnt, Risiken einzugehen und etwas Neues zu wagen" (Maiwaldt, Douglas Holding AG.). So besteht die Funktion einer visionären Kooperationsführung insbesondere darin,

❑ sich mental vom Bestehenden zu lösen,

❑ eine zentrale Kooperationsidee zu kommunizieren,

❑ den Mitarbeitern Perspektiven der zukünftigen Unternehmensentwicklung zu eröffnen und

❑ die Organisation in Richtung der Kooperationsziele zu mobilisieren.

Die Formulierung der Kooperationsvision ist eng mit dem Zielbildungsprozess verknüpft. Letztlich lassen sich die Kooperationsziele aus übergeordneten Unternehmenszielen ableiten und stehen zu diesen in einer Mittel-Zweck-Beziehung (vgl. Tröndle, 1987, S. 39). Das Hauptziel kooperativer Aktivitäten besteht darin, Wettbewerbsvorteile zu erreichen, was durch entsprechende Unterziele konkretisiert wird. Abbildung 57 zeigt ein beispielhaftes Zielsystem für eine CM-Kooperation.

Ein allgemein gültiges Zielsystem für sämtliche Kooperationsfälle existiert nicht (vgl. Schwamborn, 1994, S. 140). Die Kooperationsziele sind gegebenenfalls später – insbesondere während der Verhandlungen mit potenziellen Kooperationspartnern – zu modifizieren. Da die Interessen der Kooperationsbeteiligten divergieren können, sind indifferente oder gar konfliktäre Zielbeziehungen nicht auszuschließen. Erfolgreiche Kooperationen setzen aber eine zumindest partielle Zielkongruenz bzw. -kompatibilität voraus (vgl. Abschnitt 2.1.2.1).

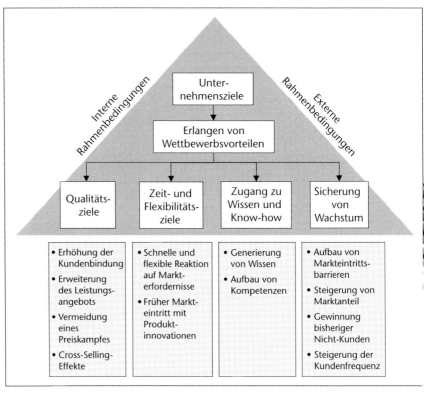

Abb. 57: Zielsystem einer CM-Kooperation,
Quelle: in Anlehnung an Friese, 1998, S. 121

Bei der Formulierung eines Zielsystems für Kooperationsprojekte gilt es, die folgenden Anforderungen zu beachten (vgl. Rudolph, 1999, S. 328):

❑ Die Ziele müssen verständlich formuliert sein.

❑ Die Ziele müssen für die Aufgabenträger erreichbar sein.

❑ Die Messung der Zielerreichung muss für alle Beteiligten nachvollziehbar sein.

❑ Frist und Zeitraum der Zielerreichung muss vorgegeben sein.

❑ Das Ausmaß der Zielerreichung muss bekannt und von den Mitarbeitern akzeptiert sein.

Die Zielbildung sollte demnach klar, herausfordernd und motivierend auf die involvierten Aufgabenträger wirken. Dabei geht insbesondere die Führungskonzeption „management by objectives" davon aus, dass eine eindeutige und klare Zielsetzung den Erfolg von Kooperationsprojekten maßgeblich erhöht. Rudolph bestätigt die hohe Bedeutung der Zielklarheit für Routineprojekte, äußert aber Zweifel in Bezug auf komplexe Projektvorhaben wie ECR-Kooperationsprojekte (vgl. Rudolph, 1999, S. 328 f.). In diesem Zusammenhang verweist Hauschildt auf die Vorteile einer „kontrollierten Zielunklarheit" (vgl. Hauschildt, 1993, S. 222). Dabei gibt das Kooperationsmanagement lediglich grobe Rahmenziele während der einzelnen Realisierungsphasen vor. Auf diese Weise könne man die Gefahr zu starrer Zielsysteme vermeiden und das flexible Reagieren auf Marktveränderungen gewährleisten.

Entsprechend dem Ansatz eines integrierten Kooperationsmanagements ist es bereits während der Initiierungsphase ratsam, Verhaltens-, Struktur- und Konzeptziele zu formulieren. Diese übernehmen als Grob- bzw. Rahmenziele eine Leitfunktion, deren Inhalt im Kooperationsverlauf einer Konkretisierung bedarf. Werden die genannten Zielebenen aufeinander und mit den strategischen Unternehmungszielen abgestimmt, so entsteht ein integriertes Zielsystem.

Während der Phase der Initiierung ist keine detaillierte Zielformulierung möglich. Schließlich bestehen große Unsicherheiten in Bezug auf den Verlauf der Kooperation. Aus diesem Grunde erscheint es ratsam, die Zielplanung erst nach der Formulierung der Kooperationsvision vorzunehmen. Jedoch sollte das initiierende Unternehmen nicht auf eine Zielplanung verzichten, weil auf Basis von phasen- und ebenenspezifischen Zielen die sich anschließende integrierte Ablaufplanung zielgerichteter und schneller durchgeführt werden kann.

3.2 Partnersuche und -selektion

3.2.1 Analyse potenzieller Kooperationspartner

Die Phase der Partnersuche und -selektion bestimmt maßgeblich den Erfolg einer Kooperation. Dabei sind insbesondere die beiden folgenden Aspekte zu beachten. Einerseits müssen sich die Partnerunternehmen im Hinblick auf die Ressourcenverteilung ergänzen, so dass die definierte Problemstellung bestmöglich gelöst werden kann (**Komplementaritätskriterium**) (vgl. Kraege, 1997, S. 160 ff.). Andererseits müssen die Rahmenbedingungen der Kooperation eine konstruktive Zusammenarbeit ermöglichen (**Kompatibilitätskriterium**). Davon betroffen sind insbesondere Strategie, Struktur und Kultur der potenziellen Kooperationspartner. Wird ein Kooperationspartner mit einer sehr spezifischen Fähigkeit oder Kompetenz gesucht, dann müssen Kompromisse bei partnerbezogenen Aspekten eingegangen werden.

Die Auswahl eines geeigneten Kooperationspartners verlangt einen mehrstufigen komplexen Entscheidungsprozess. Die Komplexität resultiert letztlich aus den folgenden Faktoren (vgl. Linné, 1993, S. 1 f.):

❏ Die Auswahlentscheidung ist einmalig und nur schwer revidierbar.

❏ Die Auswahl basiert meist auf unvollständigen und teilweise diffusen Informationen über potenzielle Kooperationspartner.

❏ Bei einem „falschen" Partnerentscheid besteht die Gefahr eines Abflusses von Wettbewerbskompetenz.

Aufgrund der Komplexität kommt der Analyse potenzieller Kooperationspartner eine hohe Bedeutung zu. Dabei lassen sich die beiden folgenden Aufgaben unterscheiden:

❏ **Komplementaritätsanalyse:** Das potenzielle Partnerunternehmen muss die ressourcenbezogenen Anforderungen erfüllen (Komplementaritätskriterium).

❏ **Kompatibilitätsanalyse:** Strategie, Struktur und Kultur des potenziellen Partnerunternehmens müssen eine Grundstabilität der Kooperation sicherstellen (Kompatibilitätskriterium).

3.2.1.1 Komplementaritätsanalyse

Die Komplementaritätsanalyse basiert auf der Stärken- und Schwächenanalyse des eigenen Unternehmens. Die identifizierten Ressourcen- und Potenziallücken bilden die Grundlage für die Festlegung von Such- und Bewertungskriterien für die komplementaritätsbezogene Partnersuche und -bewertung. Dabei ist zu beachten, dass sich Kooperationspartner nicht per se, sondern nur auf Basis der gewählten Kooperationsstrategie bewerten lassen. Dennoch sollte die Komplementaritätsanalyse auf einer „stand-alone"-Beurteilung potenzieller Kooperationspartner aufsetzen. Dadurch lassen sich Ziele der Partner innerhalb und außerhalb der Kooperation frühzeitig identifizieren und vor allem dynamische Entwicklungsmöglichkeiten von Kooperationen im Sinne zukünftiger Ressourcen- und Kompetenzkombinationen besser abschätzen. Schließlich sind die jeweils eingebrachten Ressourcen nicht statisch zu bewerten. Es geht auch um die Fähigkeit, sich angesichts eines dynamischen Umfelds weiterzuentwickeln.

Als Unterstützungsmethoden für die Komplementaritätsanalyse bieten sich Profildarstellungen und Punktbewertungsverfahren an. Diese ermöglichen ein strukturiertes Vorgehen bei der ressourcenorientierten Beurteilung potenzieller Kooperationspartner.

❏ Die definierten Such- und Bewertungskriterien für potenzielle Kooperationspartner bilden die Grundlage für **Profildarstellungen** Hier wird der Erfüllungsgrad von qualitativen und quantitativen Kriterien meist auf einer Ordinalskala gemessen. Die Verknüpfung der auf einem Raster abgetragenen Merkmalsausprägungen führt zu einem partnerspezifischen Profil.

❑ Der Einsatz von **Punktbewertungsverfahren bzw. Scoring-Modellen** erlaubt es, die potenziellen Partnerunternehmen in eine Reihenfolge zu bringen. Dabei ordnet man abgestuften Merkmalsausprägungen einen Punktwert zu und multipliziert diesen mit einem Gewichtungsfaktor, der die Wichtigkeit des jeweiligen Merkmals ausdrückt. Aus der Summe der gewichteten Punktwerte ergibt sich ein Gesamtpartnerwert.

3.2.1.2 Kompatibilitätsanalyse

Grundsätzlich wird in der Kooperationsliteratur die Auffassung vertreten, dass neben der Ressourcen- und Potenzialkomplementarität auch eine Kompatibilität im Hinblick auf Strategien, Strukturen und Kulturen gegeben sein sollte.

Die hohe Bedeutung der Partnerkompatibilität resultiert letztlich aus der begrenzten Steuerbarkeit und Kontrolle kooperativer Aktivitäten, die einen Spielraum für opportunistisches Verhalten eröffnen. Dabei wird insbesondere argumentiert, dass Vertrauen zwischen Unternehmen nicht per se existiert, sondern das Ergebnis kompatibler Ziele und Strategien, ähnlicher Wertvorstellungen und Strukturen ist. Die Vermutung, Konflikte könnten zwischen kultur- und strukturkompatiblen Unternehmen vermieden werden, ist allerdings nicht empirisch abgesichert (vgl. Harrigan, 1988, S. 205 ff.). Dabei ist zu bemerken, dass Konflikte sich nicht unbedingt negativ auf den Kooperationserfolg auswirken müssen.

Von besonderer Bedeutung bei der Auswahl eines Kooperationspartners ist die Kompatibilität der strategischen Ziele und Strategien im Sinne eines „strategic match" (vgl. Lorange/Roos, 1992, S. 30). Diese müssen zwar nicht vollkommen deckungsgleich sein, dürfen sich aber nicht gegenseitig beeinträchtigen.

Eine gemeinsam durchgeführte Zielharmonisierung ist die Voraussetzung für kooperative Aktivitäten. Die Ziele der potenziellen Partner werden, soweit möglich, strukturiert und anschließend auf ihre Verträglichkeit mit den eigenen Zielen geprüft. Sind die Hauptziele des potenziellen Partners eher konfliktär, dann kommt das Unternehmen in der Regel nicht als Kooperationspartner in Betracht bzw. muss die definierten Zielvorstellungen nochmals grundsätzlich überarbeiten. Mit jenen Unternehmen, die weitestgehend kompatible Ziele verfolgen, werden die nächsten Analyseschritte durchgeführt. Entscheidend ist, dass die potenziellen Kooperationspartner ein möglichst klares Bild über die strategische Ausgangslage, Interessen und Motive des jeweils anderen bekommen.

Die Kompatibilitätsanalyse hat den Zweck, bereits während der Entstehungsphase der Kooperation potenzielle Reibungspunkte bzw. Konflikte zu identifizieren. Schließlich ist es Aufgabe des Kooperationsmanagements, möglichst frühzeitig konfliktvermeidende oder zumindest konfliktreduzierende Maßnahmen einzuleiten. Analyseinstrumente sind z.b. Dokumentenanalysen, Gesprächsbeobachtungen und Checklisten.

3.2.2 Checklisten zur Bewertung potenzieller Kooperationspartner

3.2.2.1 Checklisten für Händler

Zentrale Aufgabe der Partnersuche und -selektion ist es, eine Vorauswahl möglicher Partner zu vollziehen, um die Transaktionskosten vor dem Eingehen der Partnerschaft nicht unnötig zu erhöhen. Da zahlreiche Kriterien der Partnerselektion nicht greifbar sind, kann eine Checkliste keine vollständige Diagnose potenzieller Kooperationspartner ermöglichen. So sind die nachfolgenden Checklisten als ein ergänzendes Instrument der Partnerselektion zu verstehen. Die Checklisten beziehen sich sowohl auf Aspekte der Komplementarität als auch der Kompatibilität.

Im Folgenden sind Checklisten für den Händler dargestellt. Diese dienen dazu, Hersteller besser einzuschätzen und in Bezug auf ihre Kooperationseignung bewerten zu können. Ziel ist es, den **Marktauftritt und das Wachstumsstreben, Profilierungsschwerpunkte, den Grad der Endverbraucherorientierung** sowie die bisherige Geschäftsbeziehung zu charakterisieren (vgl. Abb. 58).

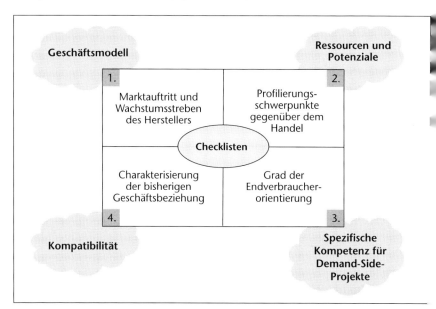

Abb. 58: Checklisten für den Handel

Ziel der ersten Checkliste ist es, den Marktauftritt und das Wachstumsstreben des Herstellers näher zu beschreiben. Als Ergebnis sollte sich der Händler über das zugrunde liegende Geschäftsmodell des Herstellers im Klaren sein (1. Quadrant in Abb. 58).

Checkliste zur Diagnose von Marktauftritt und Wachstumsstreben des Herstellers	Ja	Nein
Der Hersteller expandiert schnell.		
Der Hersteller agiert multinational.		
Der Hersteller betreibt ein proaktives Channel Management.		
Der Hersteller hat die Marketingführerschaft im Absatzkanal inne.		
Der Hersteller ist bestrebt, eine Premiumpreispositionierung zu erreichen.		
Der Hersteller strebt die Rolle eines Category Captains an.		
Der Hersteller übernimmt die Planung, Steuerung und Kontrolle nachgelagerter Wertschöpfungsaktivitäten (konsequente Vorwärtsintegration).		

Tab. 8:   Checkliste zur Diagnose von Marktauftritt und Wachstumsstreben des Herstellers

Die Checkliste in Tabelle 9 bezieht sich auf die Profilierungsschwerpunkte des Herstellers. Ziel ist es, jene Kernprozesse zu identifizieren, in denen der Hersteller spezifische Ressourcen und Potenziale aufweist. Diese Bereiche verweisen auf potenzielle Kooperationsfelder (vgl. 2. Quadrant Abb. 58).

Insbesondere Channel Retailer sind auf eine kooperative Zusammenarbeit mit Herstellern auch auf der Demand-Side angewiesen. Dies setzt ein entsprechendes Know-how des Herstellers voraus. Die Checkliste in Tabelle 10 gibt Hinweise über Grad und Professionalität der Endverbraucherorientierung des Herstellers (3. Quadrant).

Abschließend steht die bisherige Geschäftsbeziehung im Mittelpunkt der Analyse. Dabei orientiert sich die Checkliste in Tabelle 11 an der Schichtentheorie von Homans. Im Mittelpunkt stehen die vier Ebenen: Macht-, Verhaltens-, Sach- sowie Strukturebene sowie die Systemvoraussetzungen (4. Quadrant).

Checkliste zur Diagnose der Profilierungsschwerpunkte des Herstellers	Ja	Nein
Der Hersteller bietet eine sehr gute Qualität.		
Der Hersteller bietet uns die besten Konditionen an.		
Der Hersteller honoriert ECR- bzw. CM-Aktivitäten (ECR-Rabatte).		
Der Hersteller ist ein kompetenter und erfahrener Logistikpartner.		
Der Hersteller ist ein kompetenter und erfahrener Category-Partner.		
Die Produkte des Herstellers weisen einen starken Consumer-Pull auf.		
Die Produkte des Herstellers sind marktführend (A-Brands).		
Der Hersteller verfügt über marktstarke Produktneuheiten.		
Der Hersteller bietet zahlreiche Serviceleistungen an (z.B. Space Management, Merchandising).		

Tab. 9: Checkliste zur Diagnose der Profilierungsschwerpunkte des Herstellers

Checkliste zur Diagnose der Endverbraucherorientierung des Herstellers	Ja	Nein
Die Geschäftsprozesse des Herstellers sind konsequent auf den Endverbraucher ausgerichtet.		
Der Hersteller verfolgt eine differenzierte Zielgruppenstrategie.		
Der Hersteller betreibt Kundenbindungsprogramme.		
Der Hersteller sammelt Daten und Informationen über den Endverbraucher.		
Der Hersteller arbeitet mit Marktforschungsinstituten zusammen.		
Der Hersteller analysiert das Verwenderverhalten.		
Der Hersteller reagiert schnell auf Verbrauchertrends.		

Tab. 10: Checkliste zur Diagnose der Endverbraucherorientierung des Herstellers

Checkliste zur Diagnose der Geschäftsbeziehung mit dem Hersteller	Ja	Nein
Machtebene		
Wir haben bereits viel in die Geschäftsbeziehung investiert (z.B. Personalentwicklung, strukturelle Anpassungen, Informations- und Kommunikationstechnologien).		
Es gibt keinen alternativen Anbieter, der den Hersteller adäquat ersetzen könnte.		
Wir sind ein zentraler Absatzkanal für den Hersteller.		
Die Produkte des Herstellers sind für uns – innerhalb der entsprechenden Warengruppe(n) – essentiell.		
Die Produkte des Herstellers sind Bestandteil unserer wichtigsten Warengruppen.		
Die Produkte des Herstellers sind – innerhalb der entsprechenden Warengruppe(n) – marktführend (A-Brands).		
Der Hersteller produziert für uns überwiegend Eigenmarken.		
Verhaltensebene		
Das Topmanagement des Händlers ist engagiert.		
Auf Versprechen unserer Ansprechpartner beim Hersteller können wir uns verlassen.		
Ansprechpartner beim Hersteller sind engagiert und gehen auf unsere Wünsche und Vorstellungen ein.		
Der Umgang mit unseren Ansprechpartnern ist offen und vertrauensvoll.		
Die Ansprechpartner beim Händler sind qualifiziert und kompetent.		
Die Ansprechpartner beim Händler möchten etwas bewegen (hohe Veränderungsbereitschaft).		
Ansprechpartner beim Händler verfügen über eine große Entscheidungs- und Handlungskompetenz.		
Sachebene		
Der Hersteller bringt unentbehrliches Wissen und Know-how in die Geschäftsbeziehung ein.		
Der Hersteller verfügt über umfassende Kompetenzen auf der Supply-Side.		
Der Hersteller entlastet uns, indem er logistische Aktivitäten eigenverantwortlich übernimmt (z.B. Bestandsdisposition).		
Der Hersteller verfügt über umfassende Kompetenzen auf der Demand-Side (z.B. Marketing-Know-how).		

Checkliste zur Diagnose der Geschäftsbeziehung mit dem Hersteller (Fortsetzung)	Ja	Nein
Sachebene (Fortsetzung)		
Der Hersteller berät uns bei der Definition der Warengruppen.		
Der Hersteller berücksichtigt unsere Eigenmarken im Rahmen seiner Warengruppendefinition.		
Der Hersteller stimmt Verkaufsförderungsaktionen mit uns ab.		
Der Hersteller entwickelt gemeinsam mit uns erfolgreiche Produktinnovationen.		
Strukturebene		
Wir arbeiten mit dem Hersteller in multifunktionalen Teams.		
Die Absatzorganisation des Herstellers ist auf uns ausgerichtet.		
Verschiedene Ressorts und Abteilungen beim Hersteller arbeiten gut zusammen.		
Systemvoraussetzungen		
Hard- und Software für Datenerfassung und -aufbereitung sind vorhanden.		
Systeme des Herstellers (z.B. EDV, Warenwirtschaft) sind kompatibel.		

Tab. 11: Checkliste zur Diagnose der Geschäftsbeziehung mit dem Hersteller

3.2.2.2 Checklisten für Hersteller

Analog zum Handel werden nachfolgend die Checklisten für Hersteller dargestellt. Die zugrunde liegende Logik entspricht den Handelschecklisten. Einzelne Aspekte wurden angepasst. So bezieht sich Checkliste 2 auf die Profilierungsbemühungen des Handels gegenüber dem Endverbraucher, während zuvor diejenigen der Hersteller gegenüber dem Handel im Mittelpunkt standen (vgl. Abb. 59).

Auf Basis der ersten Checkliste ermittelt der Hersteller das Geschäftsmodell des Händlers. Die Kenntnis des Geschäftsmodells fördert ein Grundverständnis für die strategische Ausrichtung des potenziellen Handelspartners. Im Mittelpunkt stehen erfolgskritische, besonders sensible Unternehmensaktivitäten (1. Quadrant).

Checkliste 2 verdeutlicht die Profilierungsschwerpunkte gegenüber dem Endverbraucher. Diese sollten nach Maßgabe des zugrunde liegenden Geschäftsmodells definiert sein. Auf Basis der Checklisten 1 und 2 sind Hersteller in der Lage, die Stringenz der strategischen Ausrichtung des potenziellen Handelspartners zu beurteilen (2. Quadrant).

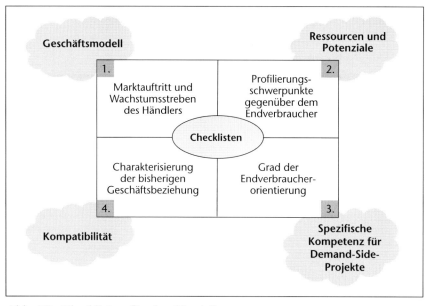

Abb. 59: Checklisten für den Hersteller

Checkliste zur Diagnose von Marktauftritt und Wachstumsstreben des Händlers	Ja	Nein
Der Händler expandiert schnell.		
Der Händler ist multinational aktiv.		
Die Verkaufsstellen innerhalb eines Betriebstyps sind ähnlich groß und weisen ein einheitliches Layout auf (Corporate Design).		
Die einzelne Verkaufsstelle hat einen maßgeblichen Einfluss auf das lokale Sortimentangebot.		
Die Preispolitik des Händlers entspricht einer Premium-positionierung.		
Der Händler führt in erster Linie Eigenmarken.		
Der Händler übernimmt die Planung, Steuerung und Kontrolle vorgelagerter Wertschöpfungsaktivitäten (konsequente Rückwärtsintegration).		

Tab. 12: Checkliste zur Diagnose von Marktauftritt und Wachstums-streben des Händlers

Checkliste zur Diagnose der Profilierungsschwerpunkte des Händlers	Ja	Nein
Der Konsument kauft beim Händler ein, weil dieser ihm eine sehr gute und einzigartige Produktqualität bietet.		
Der Konsument kauft beim Händler wegen seiner günstigen Preise.		
Der Konsument kauft beim Händler wegen seiner breiten Sortimente.		
Der Konsument kauft beim Händler wegen seiner tiefen Sortimente.		
Der Konsument kauft beim Händler wegen der großen Auswahl an Markenartikeln.		
Der Konsument kauft beim Händler wegen seiner qualitativ guten und günstigen Eigenmarken.		
Der Konsument kauft beim Händler wegen seiner vielen Produktneuheiten.		
Der Konsument kauft beim Händler, weil er ihm ein besonders gutes Einkaufserlebnis bietet.		
Der Konsument kauft beim Händler, weil er ihm zusätzliche Leistungen bietet (z.B. Service- und Dienstleistungen).		

Tab. 13: Checkliste zur Diagnose der Profilierungsschwerpunkte des Händlers

Checkliste 3 gibt Aufschluss über den Grad der Kundenorientierung. Dabei geht es darum, die Professionalität des Kundenmanagements zu beurteilen, das insbesondere für CM-Projekte von besonderer Wichtigkeit ist (3. Quadrant).

Analog zum Handel liefert die Checkliste in Tabelle 15 Hinweise über die Güte der bestehenden Geschäftsbeziehung. Dabei stehen insbesondere die so genannten „weichen" Partnerfaktoren im Mittelpunkt (4. Quadrant).

Eine endgültige Partnerauswahl kann innerhalb dieser zweiten Kooperationsphase noch nicht erfolgen, da hierfür erst Verhandlungen und Vereinbarungen über die konkreten Kooperationsziele und die Kooperationskonfiguration erforderlich sind. Output der Phase der Partnersuche ist üblicherweise eine Rangordnung mehrerer potenzieller Partner, mit denen vertiefende Verhandlungen eingegangen werden. Er gibt sich aus dem Prozess der Partnersuche kein geeigneter Ansprechpartner, so sind zunächst die Anforderungen an den Partner zu überprüfen, im Zweifelsfall ist jedoch die Kooperationsstrategie zu überdenken.

Checkliste zur Diagnose der Kundenorientierung des Händlers	Ja	Nein
Die Geschäftsprozesse des Händlers sind konsequent auf den Kunden ausgerichtet.		
Der Händler verfolgt eine differenzierte Zielgruppenstrategie.		
Der Händler betreibt Kundenbindungsprogramme (z.B. Kundenclubs).		
Der Händler sammelt Daten und Informationen über seine Kunden.		
Der Händler misst die Zufriedenheit seiner Kunden.		
Der Händler arbeitet mit Marktforschungsinstituten zusammen.		
Der Händler analysiert das Kundenverhalten.		
Der Händler reagiert schnell auf Verbrauchertrends.		

Tab. 14: Checkliste zur Diagnose der Kundenorientierung des Händlers

Checkliste zur Diagnose der Geschäftsbeziehung mit dem Händler	Ja	Nein
Machtebene		
Wir haben bereits viel in die Geschäftsbeziehung investiert (z.B. Personalentwicklung, strukturelle Anpassungen, Informations- und Kommunikationstechnologien).		
Der Händler ist einer unserer wichtigsten Absatzpartner.		
Unsere Produkte sind für den Händler – innerhalb seiner Warengruppe(n) – essentiell.		
Unsere Produkte sind Bestandteil der wichtigsten Warengruppen des Händlers.		
Wir produzieren für den Händler überwiegend Eigenmarken.		
Verhaltensebene		
Das Topmanagement des Händlers ist engagiert.		
Auf Zusagen unserer Ansprechpartner beim Handel können wir uns verlassen.		
Ansprechpartner beim Handel gehen auf unsere Wünsche und Vorstellungen ein.		
Der Umgang mit Ansprechpartnern beim Handel ist offen und vertrauensvoll.		
Die Ansprechpartner beim Händler sind qualifiziert und kompetent.		

Checkliste zur Diagnose der Geschäftsbeziehung mit dem Händler (Fortsetzung)	Ja	Nein
Verhaltensebene (Fortsetzung)		
Die Ansprechpartner beim Händler möchten etwas bewegen (hohe Veränderungsbereitschaft).		
Ansprechpartner beim Händler verfügen über eine große Entscheidungs- und Handlungskompetenz.		
Sachebene		
Der Händler hat bereits zahlreiche Kooperationsprojekte erfolgreich realisiert.		
Der Händler verfügt über umfassende Kompetenzen auf der Supply-Side.		
Der Händler holt die Ware bei uns ab.		
Der Händler betreibt ein Zentrallager, das wir eigenverantwortlich beliefern. Dabei übernehmen wir im Auftrag des Händlers ausgewählte logistische Aktivitäten (z.B. Bestandsdisposition).		
Der Händler verfügt über umfassende Kompetenzen auf der Demand-Side (z.B. Marketing-Know-how).		
Wir beraten den Händler bei der Definition seiner Warengruppen.		
Wir haben innerhalb der Warengruppe(n) des Händlers Einfluss auf die Listung konkurrierender Produkte.		
Der Händler führt Verkaufsförderungsaktionen in unserem Sinne durch.		
Strukturebene		
Wir arbeiten mit dem Händler in multifunktionalen Teams.		
Die Einkaufsorganisation des Händlers ist auf uns ausgerichtet.		
Verschiedene Ressorts und Abteilungen beim Händler arbeiten gut zusammen.		
Systemvoraussetzungen		
Hard- und Software für Datenerfassung und -aufbereitung sind vorhanden.		
Systeme des Händlers (z.B. EDV, Warenwirtschaft) sind kompatibel.		

Tab. 15: Checkliste zur Diagnose der Geschäftsbeziehung mit dem Händler

4 Phase 2: Konzeption

4.1 Kooperationsentscheid und Konstituierung

4.1.1 Auswahl kooperativer Kernprozesse

Während die ersten beiden Phasen weitestgehend unabhängig von den einzelnen Partnerunternehmen durchgeführt werden, weist die Phase des Kooperationsentscheids einen dualen Charakter auf. Einerseits treffen die Akteure unternehmensindividuell die endgültige Entscheidung, ob sie eine Kooperation eingehen oder nicht. Andererseits verhandeln potenzielle Kooperationspartner auf der Basis komplementärer Ressourcen über mögliche Betätigungsfelder. Hier getroffene Vereinbarungen legen die Grundlage für die später folgende integrierte Ablaufplanung.

Die Planungsaufgaben während der Kooperationskonstituierung beziehen sich auf die Definition kooperativer Kernprozesse sowie auf den strukturellen Rahmen der Kooperation. Zudem sind in dieser Phase Grobplanungen hinsichtlich der Einrichtung von Managementsystemen und -prozessen, der Besetzung von Führungspositionen und der Gestaltung von Informations- und Kommunikationsflüssen vorzunehmen. Output dieser Phase ist die Entscheidung für eine konkrete Kooperationsvereinbarung. Es ist nahe liegend, dass während der Konstituierung lediglich eine grobe Planung bzw. ein Soll-Konzept des Kooperationsvorhabens entsteht.

Zunächst gilt es, jene Kernprozesse bzw. Kernaktivitäten auszuwählen, bei denen die Kooperation eine große Hebelwirkung im Sinne einer umfassenden Verbesserung verspricht. Auf diese kooperativen Kernprozesse sollten sich die gemeinsamen Bemühungen von Industrie und Handel konzentrieren. Kriterien für die Auswahl kooperativer Kernprozesse bzw. -aktivitäten sind:

❑ Beitrag des Kernprozesses zum Unternehmenserfolg,

❑ Nutzenbeitrag des Kernprozesses für den Endverbraucher,

❑ aktuelle Problemhöhe und Verbesserungsnotwendigkeit und

❑ Erfolgschancen für die Neugestaltung des Kernprozesses.

Je höher der Beitrag eines Kernprozesses zum Unternehmenserfolg und zum Nutzen der Endverbraucher ist, desto sensitiver ist der Kernprozess in Bezug auf eine kooperative Gestaltung einzuschätzen. Die Problemhöhe und die Verbesserungsnotwendigkeit eines Kernprozesses verweisen auf unausgeschöpfte Reserven. Die Erfolgschancen der Neugestaltung verweisen auf die „Machbarkeit" bzw. auf die Wahrscheinlichkeit einer erfolgreichen Umsetzung.

Von zentraler Bedeutung bei der Auswahl kooperativer Kernprozesse ist das zugrunde liegende Geschäftsmodell sowie die definierte Kooperationsstrategie. Eine aktive Kooperationsstrategie impliziert, dass auch besonders sensitive Kernprozesse in der Zusammenarbeit von Industrie und Handel optimiert werden. Verfolgen Unternehmen eine selektive Kooperationsstrategie, sollten – zumindest zu Beginn der Zusammenarbeit – weniger sensitive Kernprozesse im Mittelpunkt der gemeinsamen Bemühungen stehen (vgl. Fallbeispiel 22).

Fallbeispiel 22: Von Supply-Side- zu Demand-Side-Kooperationen bei dm-drogerie markt
(Kolodziej und Schäfer, dm-drogerie markt GmbH & Co. KG.)

Die Entwicklung von ECR-Kooperationen bei dm-drogerie markt lässt sich anhand von vier Aktionskreisen beschreiben, die seit 1985 sukzessive umgesetzt wurden. Im ersten Aktionskreis konzentrierte sich dm auf die unternehmensindividuellen Ressourcen und Fähigkeiten. Identifizierte Defizite bezogen sich insbesondere auf den Systembereich. Zentrale Projekte waren die flächendeckende Ausstattung der Filialen mit Scannerkassen, die Automatisierung der Filialdisposition sowie die Eröffnung eines modernen Verteilzentrums.

Im zweiten Aktionskreis war dm-drogerie markt bestrebt, die Versorgungskette ganzheitlich, d.h. in der Zusammenarbeit mit Herstellern, zu optimieren. Im Mittelpunkt stand die Effizienzsteigerung sowie eine Verbesserung der interorganisationalen Kommunikation. Entsprechende Projekte bezogen sich auf die Einführung von EDI oder auf die Realisierung eines Vendor Managed Inventory. Die Erfolge auf der Supply-Side legten die Basis für beziehungsintensivere Kooperationen auf der Demand-Side. Zentraler Ansatzpunkt des dritten Aktionsfelds ist das kooperative Category Management. Dabei ist dm bestrebt, die marktseitige Kompetenz der Hersteller in Bezug auf die Produkte und deren Verwender zu nutzen. Gemeinsames Ziel ist es, die Attraktivität des Leistungsangebots für den dm-Kunden zu erhöhen.

Der vierte Aktionskreis stellt den Kunden in den Mittelpunkt der gemeinsamen Bemühungen. So ist das Customer Management bestrebt, „[...] den dm-Kunden besser kennen zu lernen" (Rodens-Friedrich, 1999, S. 210). Im Mittelpunkt stehen Informationen über den Kunden. Diese gilt es, zu sammeln, zu kombinieren und auf einer universellen Plattform zu archivieren und relevanten Anspruchsgruppen zugänglich zu machen. Zentrale Projekte beziehen sich auf die Marktforschung, auf den Aufbau eines Data Warehouse sowie auf eine verbesserte Kundenansprache im Rahmen des Direct Marketings.

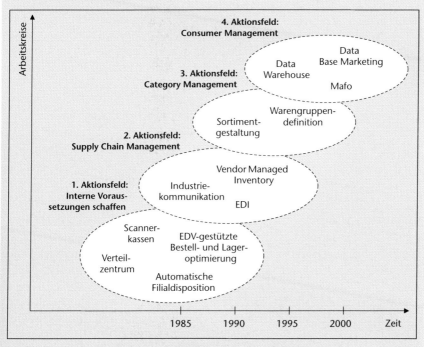

Abb. 60: Die vier ECR-Aktionskreise bei dm-drogerie markt,
Quelle: in Anlehnung an Rodens-Friedrich, 1999, S. 210

dm-drogerie markt verfolgt das Geschäftsmodell des Channel Retailers und praktiziert eine aktive Kooperationsstrategie. Dies impliziert, dass dm eine intensive Zusammenarbeit mit der Industrie sowohl auf der Supply- als auch auf der Demand-Side anstrebt. Die ECR-Aktionskreise verdeutlichen die langfristige Entwicklung der kooperativen Aufgaben und Inhalte. Ende der 80er bis Mitte der 90er Jahre dominierten aufgabenbezogene Kooperationen. Die Zusammenarbeit erforderte keine „echte" Beziehung zum Hersteller und beschränkte sich auf die kooperative Gestaltung der Versorgungskette. Seit Mitte der 90er Jahre stehen kooperative Demand-Side-Projekte im Mittelpunkt, die als sensibler zu charakterisieren sind und eine intensivere Zusammenarbeit erfordern. Abbildung 61 gibt einen Überblick über kooperative Kernprozesse und -aktivitäten bei dm-drogerie markt.

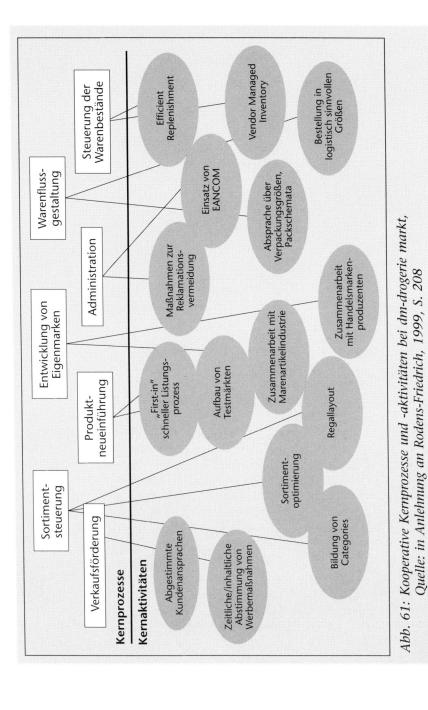

*Abb. 61: Kooperative Kernprozesse und -aktivitäten bei dm-drogerie markt,
Quelle: in Anlehnung an Rodens-Friedrich, 1999, S. 208*

Die Analyse kooperativer Kernprozesse verlangt eine differenzierte Betrachtungsweise. Häufig enthält ein Kernprozess alle drei grundsätzlichen Prozesskomponenten (Leistungserstellungs-, Unterstützungs- und Managementaktivitäten). So ist beispielsweise der Kernprozess Produktneuentwicklung zu planen bzw. zu konzipieren. Im Anschluss erfolgt die Leistungserstellung, d.h., das neu entwickelte Produkt wird entsprechend der Planvorgaben physisch produziert und distribuiert (vgl. Abb. 62). Für den Kernprozess Produktneuentwicklung bieten sich kooperative Unterstützungs- und Managementprozesse an. So kann beispielsweise der Handel relevante Informationen über das Käuferverhalten oder über Konsumtrends in die Neuproduktplanung einbringen. Eine kooperative Leistungserstellung, d.h. die gemeinsame Produktion des physischen Produktes, kommt in der Regel nicht in Frage.

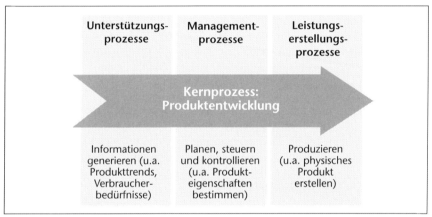

Abb. 62: *Prozesskomponenten der Produktneuentwicklung*

4.1.2 Verhandlungen mit dem Kooperationspartner

Während der Phase des Kooperationsentscheids bzw. der Konstituierung finden die Verhandlungen zwischen den potenziellen Kooperationspartnern statt. Die Verhandlungen sind durch das Nebeneinander von gemeinsamen und gegensätzlichen Interessen gekennzeichnet. Erfolgreiche Kooperationsverhandlungen setzen eine gute Kenntnis der eigenen Ziele sowie der Ziele und Positionen des potenziellen Kooperationspartners voraus. Ein gründliches Vorgehen bei der Analyse der jeweiligen Ziele hilft, latente Verhandlungskonflikte bereits im Vorfeld zu identifizieren und mögliche Kompromisslösungen vorzubereiten.

Nachdem auf Basis des definierten Anforderungsprofils ein geeignetes und auch kooperationswilliges Unternehmen ermittelt worden ist, sind Verhandlungen mit diesem zu führen. Die Verhandlungen dienen letztlich dazu, die Ausgestaltung der Kooperation zu konkretisieren. Der Einigungsprozess zwischen den Partnern wird durch optimale Verhandlungsbedingungen gefördert. Dabei geht es einerseits um die Zusammensetzung der Verhandlungsdelegation, andererseits um das Gesprächsklima. Als optimal gilt ein quantitativ und qualitativ ausgeglichenes Verhandlungsteam, das aus unterschiedlichen Funktionsträgern besteht. Die Partizipation des Topmanagements verleiht dem Kooperationsprojekt einen höheren Stellenwert, was für den weiteren Verlauf der Kooperation förderlich ist. Die Gesprächsatmosphäre während der Verhandlungen sollte durch Offenheit, Transparenz und Fairness gekennzeichnet sein. Dabei ist es von besonderer Wichtigkeit, bereits während der Verhandlungen auf erfolgskritische, strategische Ressourcen hinzuweisen, die auf keinen Fall Gegenstand der Kooperation sein sollten.

Auf inhaltlicher Ebene dominiert die Einigung über die strategische Ausrichtung der Kooperation. Zwar bestehen Ideen und Vorstellungen, doch fehlt es an der konkreten Vereinbarung. Dabei geht es insbesondere darum, den Input der potenziellen Kooperationspartner, die Aufgabenverteilung, die organisatorische Verankerung sowie die Verteilung des Outputs formell abzusichern:

❑ Der **Input der Partner** umfasst je nach Kooperationsziel materielle (z.B. logistische Infrastruktur) und immaterielle Ressourcen (z.B. CM-Know-how, kundenbezogene Informationen), finanzielle Mittel (z.B. Konditionenvorteile) sowie Humanressourcen. Neben Art und Umfang der Ressourcen ist festzulegen, welcher Partner welche Ressourcen in die Kooperation einbringt.

❑ Die im Rahmen der strategischen Ausrichtung fixierte **Gesamtaufgabe ist auf die Kooperationspartner zu verteilen**. Dabei muss bestimmt werden, welcher Partner welche Teilaufgaben zu erledigen hat. Bedingt durch die Arbeitsteilung entsteht das Problem, dass die einzelnen Teilaktivitäten wieder im Hinblick auf das Gesamtziel zu koordinieren sind. Die Richtlinien, welche Arbeitsteilung und Koordination determinieren, sind Gegenstand der **organisatorischen Umsetzung**.

❑ Die **Verteilung der Kooperationsrente** bestimmt maßgeblich die Attraktivität bzw. die Vorteilhaftigkeit der Kooperation. Wichtig ist, dass die Kooperationspartner eine Planungs- und Bewertungstransparenz erreichen. Die Transparenz ist notwendig, um Unstimmigkeiten zwischen den Unternehmen hinsichtlich ihrer Beiträge und Pflichten für die Kooperation auszuräumen.

Output der Verhandlungen ist meist ein **Kooperationsvertrag**, der die gemeinsamen Planungsüberlegungen und die Verhandlungsergebnisse schriftlich fixiert. Die Inhalte eines Kooperationsvertrages beziehen sich u.a. auf die folgenden Aspekte:

❑ Ziele der Kooperation und Zeitdauer der Zusammenarbeit

❑ Organisationsstruktur und Führungskonzeption; Stellung der Partner innerhalb der Kooperation

❑ Terminrahmen für die Kooperationseinrichtung und -implementierung

❑ Rechte und Pflichten der Partner, insbesondere in Bezug auf die Beiträge zur Kooperation und die Verteilung der Kooperationsrente

❑ Schutzrechte und Vertrauensregelungen

❑ Konfliktregelungen und -mechanismen

4.1.3 Aufbau der Kooperationsstruktur

Die Einrichtung von Teams ist die am häufigsten diskutierte, durch ECR induzierte organisatorische Veränderung auf Hersteller- und Handelsseite. Im Gegensatz zu den Verkaufs- und Einkaufsgremien sind diese Teams meist multifunktional aufgebaut. Ziel ist es, spezialisiertes Wissen verschiedener Funktions- und Aufgabenbereiche zusammenzuführen.

Auf Herstellerseite sind diese Teams oft weniger auf bestimmte Warengruppen bzw. Produktkategorien, sondern auf einzelne Handelskunden ausgerichtet (vgl. Hahne, 1995, S. 800). Diese kundenbezogene Definition impliziert eine Angliederung an das KAM, so dass den jeweiligen Key-Account-Managern häufig die Rolle des Teamkoordinators zufällt. Auf Seiten des Handels richtet sich die Teambildung in der Regel an den definierten Warengruppen bzw. Categories aus. Fallbeispiele 23 stellt Ansätze der Teambildung aus der Sicht von Hersteller und Handel dar.

Fallbeispiel 23: Auf Tesco spezialisierte Herstellerteams (vgl. Biehl, 1998, S. 46 f.)

Tesco unterscheidet sieben Geschäftsbereiche. Jeder dieser Geschäftsbereiche arbeitet mit wenigen ausgewählten Herstellern zusammen. Beispielsweise hat Procter & Gamble den strukturellen Anforderungen von Tesco entsprochen und ein mehrköpfiges Team gebildet, das alle Tesco betreffenden Vorgänge bearbeitet. Auch Nestlé hat einen Commercial Manager eingesetzt, der für alle Belange der Geschäftsbeziehung mit Tesco zuständig ist. Darüber hinaus geht ein Nestlé-Expertenteam bei Bedarf auf spezifische Sachfragen ein.

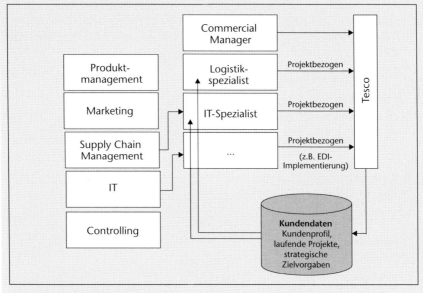

Abb. 63: Auf Tesco spezialisierte Absatzorganisation bei Nestlé

4.2 Integrierte Ablaufplanung

4.2.1 Die Kooperationsprojektmatrix als Planungsinstrument

Das Herzstück des gemeinsamen Planungsprozesses ist das Modul „integrierte Ablaufplanung". Damit ist die konzeptionelle, strukturelle und verhaltensmäßige Abstimmung des Projektverlaufs über alle Projektphasen angesprochen. Im Vergleich zu den anderen Modulen kann daher von der „Kür-Aufgabe" gesprochen werden. Dieses Modul erweitert die bestehenden Kooperationsphasenschemata aufgrund seiner integrierten Vorgehensweise wesentlich. Es ist zu beachten, dass eine integrierte Ablaufplanung sich an den Entscheidungen zu anderen Modulen orientieren muss.

In einem gemeinsamen Planungsprozess definieren Hersteller und Händler die konkrete Ausgestaltung der Kooperation. An der Ablaufplanung sind eine Vielzahl von Personen aus unterschiedlichen Unternehmensbereichen beteiligt. Alle Anspruchsgruppen nehmen eine spezifische Perspektive bei der Analyse ein. Die Herausforderung besteht in der Gesamtkoordination der Einzelsichtweisen vieler Experten, die z.B. durch gesteuerte Informationsflüsse, formale Dokumentationsschemata und -datenbanken, einheitliche Definitionen sowie methodische Standards gefördert wird. Im Mittelpunkt steht die Anwendung der Kooperationsprojektmatrix (vgl. Abb. 64).

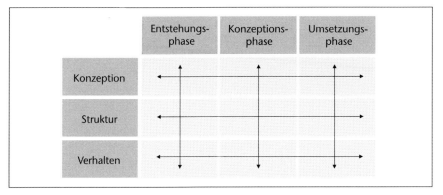

*Abb. 64: Kooperationsprojektmatrix,
Quelle: in Anlehnung an Rudolph, 1999. S. 377*

Die von Rudolph entwickelte Projektmatrix ist das zentrale Werkzeug der „Integrierten Ablaufplanung" und begünstigt eine flexible und dynamische Projektplanung (vgl. Rudolph, 1999, S. 365). Die Projektmatrix hat den Anspruch eines praxistauglichen Modells, das in vereinfachender und idealisierender Form den Projektablauf abbildet. Die Berücksichtigung der drei Managementebenen (Konzeption, Struktur und Verhalten) erlaubt einen mehrperspektivischen Zugang. Die Unterscheidung von Prozessphasen trägt dem dynamischen Charakter komplexer Veränderungsvorhaben Rechnung.

Die dargestellte Kooperationsprojektmatrix soll das Managen von Kooperationsprojekten verbessern. Der Anwender ist aufgefordert, konzeptionelle Ideen mit den strukturellen Rahmenbedingungen abzustimmen. Gleichzeitig ist phasenübergreifend auf die Unterstützung der Mitarbeiter zu achten. In diesem Zusammenhang unterscheidet Rudolph zwischen einer vertikalen und einer horizontalen Integration. Die vertikale Integration verweist auf die notwendige Abstimmung zwischen der konzeptionellen, strukturellen und personell-kulturellen Managementebene. Die Verknüpfung und Kombination von Lösungsansätzen zwischen den Projektphasen entspricht der horizontalen Integration.

4.2.2 Integriertes Kooperationsmanagement anhand der Projektmatrix

Für den Einsatz der Kooperationsprojektmatrix bietet sich das folgende Planungskonzept an. Neben der theoretischen Darstellung soll ein Fallbeispiel das konkrete Vorgehen während der einzelnen Planungsschritte illustrieren.

Schritt 1: Bestimmung der Problembereiche

Im ersten Schritt ist das Projektteam aufgefordert, potenzielle Problembereiche des Kooperationsverlaufs ebenen- und phasenspezifisch in die Matrix einzutragen. Ein solches Vorgehen legt die Basis für eine proaktive Problemlösung und fördert nachhaltig das Verständnis für eine integrierte Vorgehensweise. Abbildung 65 zeigt die potenziellen Problembereiche.

| | | Phasen | | |
		Entstehungsphase	Konzeptionsphase	Umsetzungsphase
Managementebene	Konzeption	Grundsätzliche Zieldivergenzen; keine gemeinsamen Interessengebiete	Keine situative Konzeptanpassung; keine Verfügbarkeit der notwendigen Daten; mangelnde Einbindung anderer Hersteller	Keine kurzfristigen Erfolge; sich widersprechende Prioritäten bei der Umsetzung; keine klare Zielsetzung
	Struktur	Mangelnde strukturelle Symmetrie; interne Funktionsbarrieren; tiefe Unternehmenshierarchien	Mangelnde Unterstützung durch Topmanagement; keine klaren Verantwortlichkeiten	Negative Rückkopplungen der Linienstruktur; mangelnde „Manpower"; Mitarbeiterfluktuation
	Verhalten	Mangelnde Aufgeschlossenheit gegenüber Kooperationsprojekt; fehlende Offenheit und Veränderungsbereitschaft	Mangelnde Neutralität und Objektivität des Category Captains; falsche Anreizsysteme beim Handelspartner	Emotionale Barrieren (z.B. Ängste und Widerstände); mangelnde Lernbereitschaft

Abb. 65: Potenzielle Problembereiche

Schritt 2: Formulierung von Phasenzielen

Im zweiten Schritt gilt es, für jede Projektphase ein visionäres Phasenziel zu definieren. Das Ziel sollte Hinweise zur Problembewältigung während der einzelnen Phasen liefern. Zudem sollten die formulierten Ziele die Koordination zwischen der konzeptionellen, strukturellen und personell-kulturellen Ebene fördern (vgl. Abb. 66).

Schritt 3: Definition von Meilensteinen

Im dritten Schritt legen die Aufgabenträger nachprüfbare Meilensteine fest. Die Meilensteintechnik basiert auf einer Grobstrukturierung der Schlüsselaufgaben und orientiert sich am Erreichungsgrad der zentralen Zielgrößen. Somit konzentriert sich die Kooperationsplanung auf Schlüsselaktivitäten (Meilensteine). Die Aufgabenerfüllung ist innerhalb des vorgegebenen Rahmens flexibel und erlaubt einen gewissen „evolutorischen Spielraum". Eine demotivierende Wirkung auf die Akteure aufgrund zu starker Plandeterminiertheit wird vermieden. Aufgrund des hohen Komplexitätsgrades ist es ohnehin nur schwer möglich, Kooperationen von zentraler Stelle vollständig vorauszuplanen (vgl. Abb. 67).

Entstehungsphase	Konzeptionsphase	Umsetzungsphase
• Aufbau von Vertrauen • Zielharmonisierung • Festlegung grundsätzlicher Verhaltensregeln (z.B. beim Datenaustausch)	• Ableitung zielführender Strategien und Maßnahmen • Effiziente Planungs-, Steuerungs- und Kontrollprozesse auf der Grundlage eines professionellen Projektmanagements	• Realisierung kurzfristiger Erfolge (insbesondere Umsatzsteigerung oder Kostensenkung) • Erhöhung von Käuferreichweite, Bedarfsdeckungsgrad, Frequenzsteigerung, Mehrkonsum usw.
Ziele orientieren sich an eher „weichen" Faktoren	Ziele orientieren sich an der Qualität des CM-Konzeptes	Ziele orientieren sich an quantifizierbaren Ergebnissen

Abb. 66: Phasenspezifische Ziele

	Beschreibung	Geplanter Endzeitpunkt	Direkte Budgetzuordnung	Durchführungsverantwortung	Mögliche Störungen
Sachorientierte Meilensteine	• Aufbau einer Category-Management-Struktur	• März 2001	• 3,2 Mio. DM	Einkaufsleiter	• Unklare Aufgabenverteilung
	• EDV-gestützte Regalflächenoptimierung in den Filialen	• April 2001	• 0,5 Mio. DM	Leiter Information Management	• Systeminkompatibilität
	• Einführung eines Anreizsystems für Filialmitarbeiter	• Dezember 2001	• 0,1 Mio. DM	Verkaufsleiter	• Widerstände der Filialmitarbeiter
Strategische Meilensteine	• Deckungsbeitragssteigerung pro Warengruppe um 5 %	• Juli 2002	–	Cateogory-Manager	• Neuer Konkurrent am Standort
	• Erhöhung der Käuferreichweite um 10 %	• Ende 2002	–	Category-Manager	
	• Reduktion der Bestände in den Filialen um 25 %	• Juli 2002	–	Leiter Information Management	

Abb. 67: Beispiel für eine kooperationsbezogene Meilensteinplanung

Schritt 4: Suche nach phasen- und ebenenübergreifenden Managementmethoden

Managementmethoden, wie die Profilierungsmethodik (vgl. Teil I Abschnitt 4.3.1.2) oder der Acht-Schritte-Planungsprozess (vgl. Teil I Abschnitt 4.3.3.1), kanalisieren das konzeptionelle Denken, indem sie systematische Problemlösungsmuster anbieten. Den meisten Managementmethoden ist ein dynamischer Ansatz immanent. Die Anwendung fördert nachhaltig die phasenübergreifende Koordination, zumal die Kooperationspartner eine Lösung stringent verfolgen (vgl. Fallbeispiel 24).

Fallbeispiel 24: Die Anwendung der Profilierungsmethodik bei CM-Projekten

Das Fallbeispiel bezieht sich auf ein CM-Projekt, das die Unternehmen Pick Pay und Procter & Gamble im Rahmen des Forschungsprojekts „Integriertes Category Management" des Instituts für Marketing und Handel an der Universität St. Gallen im Jahre 2000 initiiert haben.

Marktauftritt und Profilierungsschwerpunkte von Pick Pay

Pick Pay ist mit rund 100 eigenen und über 50 Franchise-Verkaufsstellen (Pick-Pay-Partner) führender Discounter für Markenartikel in der Schweiz. Aufgrund der hohen Bedeutung der Markenartikel ist für Pick Pay eine konstruktive Geschäftsbeziehung mit Industriepartnern von besonderer Wichtigkeit. Vor diesem Hintergrund hat sich das Unternehmen bereits sehr frühzeitig an kooperativen ECR-Aktivitäten beteiligt, wobei in der Vergangenheit insbesondere kooperative Supply-Side-Projekte im Mittelpunkt standen.

Pick Pay gehört zur Bon appétit Group. Um Größeneffekte zu erzielen, werden innerhalb der Gruppe zentrale Funktionsbereiche von getrennt arbeitenden, eigenständigen Gesellschaften übernommen. So wird beispielsweise der Einkauf durch die strategische Einkaufsgesellschaft Coraviso vollzogen.

Entsprechend dem Geschäftsmodell des Channel Retailers sind Pick-Pay-Verkaufsstellen von vergleichbarer Größe (zwischen 600 und 1.000 Quadratmetern) und weisen ein einheitliches Ladenlayout auf. Die einzelnen Outlets haben einen nur begrenzten Einfluss auf das lokale Sortimentangebot. Eigenmarken spielen eine untergeordnete Rolle. Zentraler Sortimentbestandteil ist das breite und profilierte Wein- und Spirituosenangebot. Damit versteht sich Pick Pay als Komplementäranbieter zur Migros, die aus ethisch-moralischen Gründen auf den Verkauf von alkoholischen Getränken verzichtet. Als Konsequenz sucht Pick Pay mit seinen Verkaufsstellen die räumliche Nähe zu Migros-Outlets.

Die Category „Textilpflege"

Hauptwettbewerber von Pick Pay im Bereich der Textilpflege sind Migros, Coop sowie Denner. Dabei setzt Migros insbesondere auf Eigenmarken. Coop verfügt über ein breites Markenartikelsortiment, das im Preiseingangsbereich durch günstige Eigenmarken ergänzt wird. Denner setzte in der Vergangenheit vermehrt auf Eigenmarken, profiliert sich aber heute verstärkt über den preisaggressiven Verkauf von Markenartikeln.

Die Textilpflege umfasst alle Produkte, die Endverbrauchern helfen, ihre Wäsche zu pflegen. Dabei geht es beispielsweise um die Reinigung, um das Entfernen von Flecken, um das Erzielen von Frische und Weichheit sowie um das Pflegen. Aus den genannten Aufgaben leiten sich drei zentrale Subcategories ab: Textilpflege/Veredelung, Textilreinigung sowie Textilerfrischung.

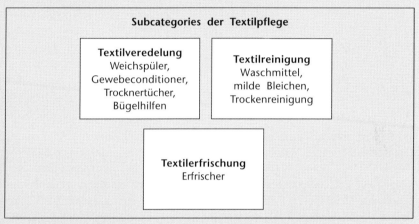

Abb. 68: Aufbau der Category „Textilpflege"

Procter & Gamble als „Category Captain"

Procter & Gamble forciert bereits seit einigen Jahren die Umsetzung von ECR-Strategien und -Maßnahmen und strebt die Rolle eines branchenweiten Schrittmachers in Bezug auf ECR-Systematik, -Struktur sowie -System-Support an. Entsprechend dem Geschäftsmodell des Channel Manufacturers betreibt Procter & Gamble ein aktives Channel Management. Wenngleich die Marken einen starken Consumer-Pull aufweisen, hat Procter & Gamble nicht die „alleinige" Marktführerschaft im Schweizer Textilpflegemarkt inne. Der Hersteller profiliert sich gegenüber Handelskunden insbesondere über marktstarke Produktneuheiten sowie über zahlreiche Service- und Dienstleistungen (z.B. Space Management, Merchandising).

Procter & Gamble strebt im Bereich der Textilpflege die Rolle des Category Captains an. Dabei betont der Hersteller, „[...] dass es im Rahmen des CM nicht darum geht, das Optimale für die eigenen Marken herauszuholen. Vielmehr gilt es, das gemeinsame Geschäft in der Category zu verbessern" (Roncoroni, Procter & Gamble SA.).

Auswahl übergeordneter Managementmethoden

Bei der Planung des CM-Projekts „Textilpflege" entscheiden sich die Kooperationspartner zunächst für die Anwendung des Acht-Schritte-Planungsschemas (vgl. Abb. 39). Auf dieser Grundlage diskutieren die Kooperationspartner über operative Aspekte der Category-Gestaltung (z.B. über Packungsgrößen von Waschmitteln). Doch erkennen die Beteiligten schnell, dass eine Neuausrichtung der Category „Textilpflege" ein Vorgehen erfordert, das grundsätzliche, strategische Fragestellungen der beteiligten Unternehmen aufgreift. In Anlehnung an die Profilierungsmethodik von Rudolph bestimmen die Kooperationspartner zunächst die Zielgruppe und definieren eine Category-Vision (vgl. Rudolph, 1993; Rudolph, 1997, Profilieren). Aus Kundensicht legen sie ein Soll-Profil der Category fest und leiten gemeinsame CM-Maßnahmen ab. Durch die Anwendung der Profilierungsmethodik stellen die Kooperationspartner eine horizontale Integration der verschiedenen Planungs-, Steuerungs- und Kontrollaufgaben während der verschiedenen CM-Realisierungsphasen sicher.

Während der Konzeptionsphase besteht die Hauptaufgabe in der Entwicklung eines Erfolg versprechenden CM-Konzepts. Ausgangspunkt ist die Analyse der Zielkunden. Pick Pay wird von den Verbrauchern als „ergänzender" Einkaufsort wahrgenommen. Im Bereich der Textilpflege sucht der Kunde nach innovativen und qualitativ hochwertigen Markenartikeln, die er beim Einkauf in der Migros nicht findet. Vor diesem Hintergrund formulieren die Kooperationspartner die folgende Category-Vision, welche die anvisierte Positionierung der Category „Textilpflege" ausdrückt.

„Pick Pay ist der Innovativste am Markt im Bereich der Textilpflege"

Um Erfolg versprechende CM-Maßnahmen abzuleiten, greifen die Kooperationspartner auf das Profilierungsmodell von Rudolph zurück. Das Planungstool weist den in Abbildung 69 dargestellten acht Profilierungsinstrumenten drei Zonen zu (vgl. Rudolph, 1997, Profilieren, S. 52):

❏ **Sicherheitszone:** Der Kunde setzt gewisse Leistungen als selbstverständlich voraus. Diese gehören in die Sicherheitszone, denn auch die Konkurrenten bieten diese Maßnahmen an.

❏ **Profilierungszone:** Mit den Maßnahmen aus der Profilierungszone kann sich die Unternehmung von den Konkurrenten abheben, da diese nicht über ein entsprechendes Leistungsangebot verfügen.

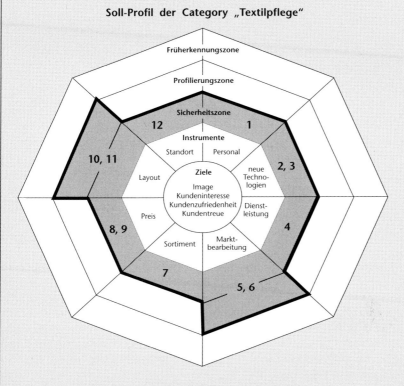

Soll-Profil der Category „Textilpflege"

Früherkennungszone

Profilierungszone

Sicherheitszone

12 1

Instrumente

Standort   Personal

10, 11

Layout   **Ziele**   neue Techno-logien   2, 3

Image
Kundeninteresse
Kundenzufriedenheit   Dienst-leistung
Preis   Kundentreue

8, 9   4

Sortiment   Markt-bearbeitung

7

5, 6

Ausgewählte Category-Maßnahmen

1. Keine Out-of-Stock-Situation durch aufmerksames Personal
2. Umfassender Scanning-Einsatz
3. Mix-Match-Aktionen (verbundorientierte Planung von Aktionen)
4. Information der Verbraucher über Preisaktionen anhand des Kassenbons
5. Events am POS (nur in Einkaufszentren)
6. Zweitplatzierung von Neuheiten im „PICKI-Tower"
7. Aktuelles Sortiment
8. Konkurrenzfähige Preise
9. Preisführerschaft bei Aktionen
10. Convenience-Shelf
11. Duftmarketing
12. Standort im Near-Food-Bereich

Abb. 69: Soll-Profil der Category „Textilpflege",
Quelle: Eigene Darstellung

❑ **Früherkennungszone:** In die Früherkennungszone gehören Maß-nahmen, die der Kunde in der Zukunft verstärkt nachfragen wird. Heute bietet kein Wettbewerber Maßnahmen aus der Früherken-nungszone an.

Da die Textilpflege keine Profilierungsrolle innehat, beschränkt sich das anvisierte Soll-Profil bei den meisten Profilierungsinstrumenten auf die Sicherheitszone. Lediglich in den Bereichen Marktbearbeitung und Ladenlayout soll eine Profilierung gegenüber der Konkurrenz erreicht werden. Dabei ist allerdings anzumerken, dass sich die geplanten CM-Maßnahmen nicht ausschließlich auf die Category „Textilpflege" beziehen. Nachfolgend werden zwei gemeinsame CM-Maßnahmen dargestellt.

❏ Im Rahmen der Marktbearbeitung setzen die Kooperationspartner verstärkt auf Events am POS. Diese sollen in erster Linie in Einkaufszentren bzw. in der Nähe von großflächigen Migros-Verkaufsstellen durchgeführt werden. Ziel ist es, die Einführung von Produktinnovationen zu unterstützen. Die Events sind mit keinen Preisreduktionen verbunden, sondern dienen dazu, die „neuen" Produkte und deren Leistungskomponenten darzustellen.

❏ Die zweite Maßnahme im Rahmen der Marktbearbeitung zielt in eine ähnliche Richtung. Produktinnovationen und Neuheiten sollen in den einzelnen Verkaufsstellen stärker hervorgehoben werden. Zu diesem Zwecke entwickeln Pick Pay und Procter & Gamble den so genannten „PICKI-Tower", der Category-übergreifend sämtliche Neuheiten enthält. Innerhalb des PICKI-Towers kann der Verbraucher Informationen über die einzelnen Produkte elektronisch erfragen.

5 Phase 3: Umsetzung

5.1 Implementierung

5.1.1 Ziel- und stabilitätsfördernde Maßnahmen

Die Implementierung erfolgt in einem interaktiven, graduellen Prozess, bei dem die Mitarbeiter der Kooperationspartner zusammenarbeiten und wechselseitig Ressourcen und Fähigkeiten übertragen und entwickeln. Während der Implementierung erfolgt eine fortschreitende Detaillierung der während der Konstituierung und Ablaufplanung vorgenommenen Grob- und Feinplanung.

Die Implementierungsphase unterliegt der gemeinsamen Wahrnehmung und Überwachung durch die Partnerunternehmen. Daraus erwachsen neue Anforderungen an Planung und Aufbau von ziel- und stabilitätsfördernden Maßnahmen (vgl. Steinle/Eggers, 1989, S. 708 f.). Die folgenden Hinweise helfen, einen reibungslosen Verlauf der Implementierung zu gewährleisten:

❏ **Frühe Erfolge anvisieren**

Industrie und Handel beginnen schnell, an der Vorteilhaftigkeit von Kooperationen zu zweifeln, wenn sich nicht möglichst rasch quantifizierbare Erfolge einstellen. Deshalb ist es notwendig, neben der langfristigen Zielerreichung auch die kurzfristige Ergebnisverbesserung zu verfolgen. Diese kurzfristig realisierten Erfolge können helfen, die Kooperation langfristig voranzutreiben und auf sensiblere Betätigungsfelder auszuweiten. Zudem senden sie ein positives Signal aus, das die Motivation der Akteure erhöht sowie Offenheit und Vertrauen in der Zusammenarbeit fördert. Dennoch dürfen neben der Orientierung an den kurzfristigen Erfolgen die strategischen Ziele nicht aus den Augen verloren gehen.

❏ **Eindeutige Ziele und Richtungsvorgaben formulieren**

Es ist erforderlich, dass die Beteiligten den Veränderungsprozess, der durch ein Kooperationsprojekt ausgelöst wird, mittragen. Dies ist nur dann möglich, wenn ein gemeinsames Problembewusstsein vorhanden ist. Ziele der Zusammenarbeit müssen eindeutig definiert und von den Akteuren angenommen sein. In der Praxis ist eine klare Zielvorstellung häufig nicht gegeben. Vielmehr behindern widersprechende Ziel- und Prioritätensetzungen eine reibungslose Implementierung. Daher ist es wichtig, dass die Entscheidungsprozesse eindeutig definiert und für alle Beteiligten transparent sind. Dabei ist der Beteiligungsgrad und die Art des Entscheidungsprozesses zu klären und zu kommunizieren.

❏ **Informations- und Berichtssystem etablieren**

Der Aufbau eines gemeinsamen Informations- und Berichtssystems unterstützt die Zielorientierung kooperativer Aktivitäten. Das Berichtswesen umfasst alle Berichte, Instrumente und Abläufe zur Bereitstellung von Führungsinformationen. In der Kooperationspraxis wird zwischen regelmäßigen, z.B. monatlichen, Informationsberichten und meist jährlichen Strategieberichten unterschieden. Aufbau und Inhalte der regelmäßigen Berichterstattung orientieren sich stark an den Vorgaben des Konzernberichtswesens der Partner und enthalten insbesondere operative und finanzwirtschaftliche Kennzahlen wie Umsatz- und Kostenentwicklungen, Absatzzahlen, Kapazitätsauslastungszahlen usw. Die meist jährlich oder bei Eintreten bestimmter Ereignisse angefertigten Strategieberichte finden häufig im Rahmen von Kooperationsaudits statt, die aus einem teilstrukturierten, schriftlichen Bericht und einer persönlichen Präsentation der Kooperationsführung mit anschließender Strategiediskussion bestehen.

❑ **Proaktives Konfliktmanagement einrichten**

Ein proaktives Krisen- und Konfliktmanagement hilft, potenzielle Konfliktfelder möglichst frühzeitig zu erkennen und konfliktreduzierende Maßnahmen einzuleiten. Dabei kommen insbesondere latent vorhandene Konflikte und Spannungen aus der Kooperationsvorbereitung zum Tragen. Zudem können „neue" Konflikte während der Kooperationsumsetzung entstehen, die meist aus einer negativen Ergebnisentwicklung resultieren. Entwickelt sich beispielsweise die Marke des Category Captains innerhalb der gemeinsam optimierten Category negativ, während die Warengruppe in der Gesamtheit eine positive Entwicklung verzeichnet, führt dies zwangsläufig zur Unzufriedenheit des Herstellers. Die Kooperation ist nachhaltig gefährdet.

Viele Konfliktursachen liegen innerhalb der einzelnen Partnerunternehmen begründet. Aus diesem Grunde setzt ein proaktives Konfliktmanagement nicht ausschließlich an der Schnittstelle zwischen Industrie und Handel an. Vielmehr gilt es, im Sinne einer ganzheitlichen Ursachenforschung auch unternehmensinterne Missstände aufzudecken. Maßnahmen eines proaktiven Konfliktmanagements sind die Benennung von Ansprech- bzw. Vertrauenspersonen, die Einrichtung einer Beschwerde- und Konfliktoffenlegungspolitik und die Festlegung von Verfahren zur Konfliktregelung. Auch Maßnahmen, die eine gemeinsame Kooperationskultur stärken wie der Aufbau eines einheitlichen Erscheinungsbildes, gemeinsame Treffen und gegenseitige Besuche etc. besitzen eine konfliktreduzierende Wirkung.

❑ **Kooperationscommitment der Stakeholder steigern**

Stakeholder sind alle Personen, deren Arbeitsinhalte und -weisen sich im Zuge des Kooperationsprojekts verändern. Sie können den Implementierungsprozess blockieren oder fördern. Es ist notwendig, die Stakeholder in maximaler Weise in die Veränderungen einzubeziehen. Dabei geht es nicht nur um eine Teilnahme an Workshops oder Schulungen. Vielmehr müssen alle Mitarbeiter, von denen erwartet wird, dass sie sich ändern, die Gelegenheit bekommen, ihre Sichtweisen, Vorschläge und Unsicherheiten einzubringen. Erfolg, Anerkennung, selbstständige Arbeit, Verantwortung, Fortkommen und Entwicklungsmöglichkeiten begünstigen die Motivation.

5.1.2 Steigerung des Kooperationscommitments

In Veränderungsprozessen gibt es typischerweise vier Rollenträger (vgl Conner/Clements, 1998, S. 39). Der **Sponsor** initiiert und legitimier die Veränderungen und stellt die notwendigen Ressourcen zur Verfü gung. Der **Change Agent** steuert und organisiert den Veränderungsprozess. Die **Zielgruppe** bzw. die **Beteiligten** sind jene Mitarbeiter, die von den Veränderungen mittel- oder unmittelbar betroffen sind. Die **Fachpromotoren** sind Experten, die fachlich die Veränderungen unterstützen, den Veränderungsprozess jedoch nicht steuern können und sollen.

Unsere Expertengespräche zeigten, dass ECR-Projekte häufig von Change Agents und Fachpromotoren vorangetrieben werden. Obwohl Logistiker und Vertriebsmanager einzelne Projekte initiierten, setzten sich die Veränderungen im Unternehmen oft nicht ganzheitlich durch. Es mangelte an der Unterstützung der obersten Führungsebene. Dieses Führungsvakuum fördert destruktive Verhaltensweisen der Zielgruppe.

❑ Die betroffenen Mitarbeiter sind nicht ausreichend motiviert, die Veränderungen aktiv mitzugestalten, da sie die Gründe der Veränderungen nicht kennen oder nicht verstehen.

❑ Die Mitarbeiter leisten aktiven oder passiven Widerstand, da sie durch die Veränderungen in erster Linie Nachteile für die eigene Position erwarten. Verschiedene Symptome des offenen und versteckten Widerstandes, wie z.B. endlose Diskussionen, fortlaufende Nörgelei, Krankmeldungen, lassen sich beobachten.

❑ Die Mitarbeiter werden nicht in angemessener Weise in die Veränderungsprozesse integriert.

❑ Die Mitarbeiter verfügen nicht über das notwendige Wissen und Können, um die Veränderungen aktiv zu unterstützen.

Dem natürlichen Streben des Menschen nach Wandel steht die Angst vor seinen Folgen entgegen. Den Sponsoren und den Change Agents muss es gelingen, diesen Widerspruch aufzulösen. Zu diesem Zwecke eignen sich zwei zentrale Hebel. Zum einen sind die Ängste der Mitarbeiter vor den Folgen der Veränderungen abzubauen, zum anderen geht es darum, die Mitarbeiter zum konstruktiven Teilhaben am Veränderungsprozess zu motivieren. Motivierte Mitarbeiter treiben den Implementierungsprozess konsequent voran und sind kreativer bei der Suche nach Problemlösungen. Im Mittelpunkt steht die Information der Betroffenen über die Gründe und Ziele der geplanten Veränderungen sowie die Integration der Mitarbeiter in den Veränderungsprozess. Beide Ansatzpunkte fördern das Engagement und das Commitment. Abbildung 70 zeigt die Entstehung von Commitment als Entwicklungsprozess.

Entstehungsphase	Konzeptionsphase	Umsetzungsphase
• Partizipation (Betroffene einbinden) • Legitimation (Notwendigkeit prüfen) • Motivation durch – sorgfältige Rekrutierung – Freiräume – gute Führung – gutes Arbeitsklima	• Widerstände abbauen • neue Fähigkeiten vermitteln • Konflikte erkennen und steuern • Transparenz schaffen	• Perspektiven aufbauen • Umsetzungserfolge kommunizieren

Abb. 70: Phasen- und ebenenspezifische Maßnahmen zur Steigerung des Kooperationscommitments, Quelle: Rudolph, 1999, S. 399

5.2 Kontrolle und Weiterentwicklung

5.2.1 Etablierung eines Kooperationscockpits

Die Kontrolle dient der systematischen Überprüfung und Beurteilung des gesamten Kooperationsprozesses. Das Hauptziel der Kontrolle besteht darin, den an Planung und Durchführung beteiligten Anspruchsgruppen ein Hilfsmittel an die Hand zu geben, um Planabweichungen möglichst früh und differenziert zu erkennen und zukünftige Planungen verbessern zu können. Damit wird deutlich, dass zwischen der Kooperationsplanung und der Kontrolle ein enges, interdependentes Verhältnis besteht.

In der Unternehmenspraxis erfolgt die Kontrolle meist ergebnisorientiert. Im Mittelpunkt stehen Soll-Ist-Vergleiche, die auf der Grundlage von quantitativen Kontrollkriterien durchgeführt werden. Ein solches Vorgehen scheint für die Beurteilung und Kontrolle von ECR-Kooperationen nur bedingt geeignet. Dies gilt insofern, als Industrie und Handel qualitativen Erfolgsgrößen eine hohe Bedeutung beimessen. Aus diesem Grunde sind auch qualitative Größen in ein ganzheitliches Kontrollsystem von ECR-Kooperationen aufzunehmen. Es bestehen jedoch erhebliche Schwierigkeiten im Hinblick auf Messbarkeit, Vergleichbarkeit, Interpretation und Eindeutigkeit der qualitativen Ergebnisse.

In Abbildung 71 ist ein exemplarisches Kooperationscockpit in Anlehnung an den Balanced-Scorecard-Ansatz dargestellt. Neben quantitativen finden auch qualitative Größen Berücksichtigung, wobei die Auflistung der Kontrollkriterien keinen Anspruch auf Vollständigkeit erhebt. Im Mittelpunkt stehen vier Hauptfelder der ergebnisorientierten Kontrolle. Konkret geht es um die Entwicklung der Geschäftsbe-

Geschäftsbeziehung	Ökonomischer Erfolg
• Bevorzugte Stellung (Preferred Supplier/Preferred Retailer) • Aufbau von Vertrauen und Commitment • Langfristige Bindung	• Gewinn • Umsatz • Marktanteil • Kosten • Deckungsbeitrag pro Category • Filialbestände
Unternehmen	Endverbraucher
• Mitarbeiterzufriedenheit • Know-how und Kompetenzerwerb • Innovationsorientierung • Flexibilitätsgewinn	• Kundenzufriedenheit • Käuferreichweite • Bedarfsdeckungsgrad • Kundenfrequenz • Verkaufsstellenloyalität • Duchschnittsbon

Abb. 71: Ergebnisorientierte Kontrolle auf der Grundlage eines Kooperations-Cockpits

ziehung, um den erzielten ökonomischen Erfolg, um die Reaktion der Endverbraucher sowie um unternehmensinterne Entwicklungen.

Um zu gewährleisten, dass sich die Kooperation schnell an sich ändernde Umwelt- und Marktverhältnisse anpasst, reicht eine rein ergebnisorientierte Kontrolle nicht aus. Um frühzeitig Schwachstellen und Fehlentwicklungen zu erkennen, ist eine fortlaufende Kontrolle notwendig. Im Mittelpunkt steht die Adäquanz der vereinbarten Ziele und Strategien, die Gültigkeit der gesetzten Prämissen, die Vorteilhaftigkeit der Managementsysteme sowie der Verlauf der Implementierung. Die verschiedenen Bezugsobjekte verweisen auf strategische und operative Kontrollaufgaben.

Zur organisatorischen Umsetzung der Kontrolle bietet sich die Durchführung regelmäßiger „Kooperationsaudits" an (vgl. Friese, 1998, S. 113 ff.). Mit der Einführung solcher Audits wird eine systematische und strukturierte Auseinandersetzung der Verantwortlichen mit der Kooperationsentwicklung gefördert (vgl. Abb. 72).

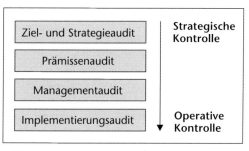

Abb. 72: Kooperationsaudits für die strategische und operative Kontrolle von Kooperationen

❑ **Ziel- und Strategieaudit**

Ziel- und Strategieentscheidungen sowie die Vereinbarungen im Rahmen der Konstituierung determinieren die strategische Ausrichtung der Kooperation. Im Rahmen des Ziel- und Strategieaudits gilt es, die festgelegten Kooperationsziele und -strategien mit der Kooperationssituation abzugleichen. Auf dieser Basis kann beurteilt werden, ob die strategische Ausrichtung im Verlauf der Kooperation ihre Gültigkeit behält oder ob es aufgrund stärkerer oder schwächerer Signale notwendig wird, die strategische Ausrichtung zu modifizieren. Dabei geht es vor allem auch darum, die Kompatibilität der Kooperationsziele/-strategien zwischen den Kooperationspartnern sowie mit den jeweiligen Unternehmenszielen/-strategien zu überprüfen.

Zentraler Bestandteil des Ziel- und Strategieaudits ist die ungerichtete Frühaufklärung. Schließlich sind nicht alle Entwicklungs- und Veränderungsfelder, die einen Einfluss auf die Ziel- und Strategiebildung in Unternehmen haben, vor ihrem Auftreten absehbar und können anhand entsprechender Indikatoren überwacht werden. Die ungerichtete Frühaufklärung im Sinne eines strategischen Radars hat die Aufgabe, Veränderungen im In- und Umsystem der Kooperation möglichst frühzeitig zu Beginn ihres Eintretens wahrzunehmen. Je früher Veränderungen erkannt werden, desto problemloser lassen sich Kooperationsziele und -strategien an veränderte Rahmenbedingungen adaptieren.

❑ **Prämissenaudit**

Das Setzen von Planungsprämissen ist ein notwendiges Mittel, um die Komplexität des Planungsprozesses während der Entstehungs- und Konzeptionsphase einer Kooperation zu reduzieren. Prämissen sind Annahmen bezüglich Zustand und Entwicklung unternehmensinterner sowie -externer Umfeldbedingungen. Sie beeinflussen maßgeblich Entscheidungen über die Ausgestaltung einer Kooperation.

Es ist notwendig, die Prämissen der Planung fortlaufend auf ihre Gültigkeit zu prüfen. Stellt sich eine Diskrepanz zwischen den Planungsannahmen und der realen Kooperationsentwicklung ein, ist die konzeptionelle Grundlage der Kooperation zu hinterfragen. Als Konsequenz kann dies eine Modifikation oder gar das Ende der Kooperationsstrategie bewirken. Im Rahmen der Prämissenkontrolle ist es sinnvoll, sich auf erfolgskritische Prämissen zu konzentrieren. Eine „ABC-Klassifikation"[1] der Prämissen könnte dazu beitra-

---

1   Bei der ABC-Klassifikation der Prämissenanalyse bildet man eine Rangreihe aller Prämissen nach Maßgabe ihrer relativen Wichtigkeit und teilt anschließend die Prämissen in drei Gruppen (A, B und C) ein. Dabei sind A-Prämissen von hoher Bedeutung, B-Prämissen von mittlerer und C-Prämissen von geringer Bedeutung.

gen, die Komplexität der Prämissenkontrolle zu reduzieren. Außerdem erscheint es vorteilhaft, die Prämissenkontrolle mit der Führungskonzeption „management by exception" zu verbinden (vgl. Kraege, 1997, S. 190). Demnach erfolgt ein Eingriff bzw. eine Reaktion erst dann, wenn zuvor festgelegte kritische Schwellenwerte bzw. -korridore überschritten werden. Neben der Einteilung in kritische und nicht kritische Prämissen sollte eine Unterscheidung im Hinblick auf die Beeinflussbarkeit der Prämissen erfolgen. Das Kooperationsmanagement ist aufgefordert, Maßnahmen vorzuschlagen, wie beeinflussbaren Prämissenabweichungen zu begegnen ist.

❑ **Managementaudit**

Das Managementaudit setzt an den drei Managementebenen Konzeption, Struktur und Verhalten an. Auf der konzeptionellen Ebene geht es u.a. darum, die Güte und Zweckmäßigkeit der kooperativen Planungs-, Steuerungs- und Kontrollprozesse zu hinterfragen. Auf der strukturellen Ebene steht die Eignung der Kooperationsstruktur im Mittelpunkt der Kontrolle. Diese sollte eine reibungslose und sachbezogene Zusammenarbeit zwischen den Kooperationspartnern gewährleisten. Besonders kontrollrelevant sind die Interaktionen innerhalb des Kooperationsprojekts sowie zwischen Kooperationsprojekt und Linienorganisation. Auf der personell-kulturellen Ebene überprüft das Managementaudit die Motivation und das Engagement der Mitarbeiter. Dabei geht es beispielsweise um die Adäquanz von Anreiz- und Sanktionsmechanismen sowie um eine ungerichtete Überwachung der Kooperationsatmosphäre.

Neben der Überprüfung der Zweckmäßigkeit und Adäquanz von Maßnahmen auf den einzelnen Managementebenen besteht eine zentrale Aufgabe des Managementaudits darin, den ebenenübergreifenden Fit der einzelnen Maßnahmen im Sinne eines integrierten Kooperationsmanagements zu überprüfen.

❑ **Implementierungsaudit**

Im Rahmen des Implementierungsaudits überprüft das Kooperationsmanagement, ob die geplanten Maßnahmen in der vorgesehenen Weise umgesetzt werden konnten. Dabei geht es insbesondere darum, die Implementierung nach Maßgabe von Effizienzkriterien zu überprüfen. Im Mittelpunkt steht die termin- und leistungsbezogene Überwachung der definierten Meilensteine. Darüber hinaus dient das Implementierungsaudit auch zur Überprüfung, ob die Kooperationspartner die ihnen obliegenden Aufgaben, wie vereinbart, wahrgenommen haben.

5.2.2 Weiterentwicklung der Kooperationsmanagementsysteme und kooperationsgerichtetes Lernen

Auslöser für eine Neuausrichtung kooperativer Aktivitäten ist das Erreichen bzw. Nichterreichen der definierten Kooperationsziele bzw. die Erkenntnis, dass eine Strategieänderung zur Erreichung der Ziele notwendig ist. Dabei stellt sich die grundsätzliche Frage, ob die Kooperation aufgelöst oder in modifizierter Form weiterverfolgt werden sollte. Allgemein lässt sich sagen, dass die Beendigung einer Kooperation umso problematischer ist, je umfangreicher und intensiver kooperationsspezifische Strukturen und Prozesse in den Partnerunternehmen ausgebildet und aufeinander abgestimmt wurden. In diesem Zusammenhang gilt es, den so genannten „point of no return" zu bestimmen. Dieser bezeichnet den Zeitpunkt, zu dem eine Weiterverfolgung der Kooperation weniger Kosten verursacht bzw. einen höheren Nutzen stiftet als eine Beendigung der Zusammenarbeit.

Gleichgültig ob sich das Kooperationsmanagement für eine Auflösung oder eine Weiterverfolgung der Kooperation entscheidet, ist es notwendig, die gewonnenen Erkenntnisse systematisch aufzubereiten und für die Neu- und Weiterentwicklung bestehender Planungs-, Steuerungs- und Kontrollsysteme zu verwenden. So können die gesammelten Erfahrungen in der Form von Planungsrichtlinien und -verfahren in „neue" kooperative Aufgaben einfließen. Solche Erfahrungswerte können dazu beitragen, ein besonderes Kooperations-Know-how aufzubauen, das in zukünftigen Projekten ein erfolgreicheres Vorgehen ermöglicht. Zudem beeinflusst die aufgebaute Kooperationskompetenz die Verhandlungsposition eines Unternehmens bei zukünftigen Projekten.

Der Aufbau von Kooperationskompetenz ist häufig an das spezifische Wissen bzw. an die Erfahrungen der an der Kooperation beteiligten Personen gebunden. Die Herausforderung besteht darin, dieses personengebundene Wissen in organisationsweite Erkenntnisse zu transformieren. Dies setzt ein kooperationsgerichtetes Wissensmanagement voraus, das im Wesentlichen aus den folgenden Subaktivitäten besteht (vgl. Liebmann/Foscht, 1999, S. 18):

❑ Formulierung von Wissenszielen

❑ Identifikation von Wissen

❑ Entwicklung und Erwerb von Wissen

❑ Verteilung von Wissen

❑ Nutzung und Bewahrung von Wissen

Ausgangspunkt eines systematischen Wissensmanagements ist die Formulierung von kooperationsgerichteten Wissenszielen. Diese beziehen sich beispielsweise auf das Erlernen bestimmter Sachthemen oder Problemlösungsmechanismen. Bei der Identifikation von Wissen ist es notwendig, die getätigten Erfahrungen sämtlicher Kooperationsanspruchsgruppen systematisch zu ermitteln und aufzubereiten. Das Einzelwissen verschiedener Personen muss kombiniert und in allgemein gültige Erkenntnisse umgewandelt werden. Wesentlich dabei ist, dass die betroffenen Mitarbeiter kontinuierlich mit dem Wissen arbeiten. Dies dient dazu, das erworbene Wissen zu archivieren. Der Aufbau von Wissens- und Erfahrungsdatenbanken kann hierzu einen Beitrag leisten. Bei zukünftigen Projektvorhaben können beispielsweise die kooperationserfahrenen Mitarbeiter in den Projektlenkungsausschuss aufgenommen werden oder als interne Berater fungieren. Durch die Zusammenarbeit verschiedener Personen entsteht ein kollektives Wissen. Die folgenden sechs Thesen geben Hinweise für eine erfolgreiche Gestaltung des kooperationsgerichteten Wissensmanagements.

1. Die dargestellten Bausteine des Wissensmanagements sind idealtypisch in ein Konzept des kooperationsgerichteten Lernens eingebunden. Die Lernfähigkeit setzt unmittelbar an dem Verhalten der Mitarbeiter an. Diese müssen die Fähigkeit besitzen, kooperationsbezogenes Wissen aufzunehmen, zu verarbeiten und in zielführende Verhaltensschemata umzusetzen.

2. Gerade die Lernleistung verweist auf den dynamischen Aspekt von Kooperationen. Durch temporären Druck kann zwar ein hohes Leistungsniveau erreicht, aber bei einer schlechten Lernleistung kann dieses Niveau nicht dauerhaft aufrechterhalten werden. Kooperationen mit einer schlechten Lernleistung weisen somit einen Leistungsschwund auf. Sie schaffen es nur durch einen enormen Kraftakt, ein bestimmtes Leistungsniveau zu erreichen, das sie aufgrund eines „dilettantischen Aktionismus" rasch wieder verlieren.

3. Die lernende Kooperation setzt Entrepreneurship voraus. Dabei sind die Kooperationsmitarbeiter aufgefordert, selbstständig aufgabenbezogenes Wissen zu erwerben und im Rahmen der kooperativen Aktivitäten umzusetzen. Dies setzt eine Kooperationskultur voraus, welche Engagement, Innovations- und Risikobereitschaft belohnt und bis zu einem gewissen Grade Misserfolge und Fehler toleriert. Grundvoraussetzung ist eine „gelebte" Offenheit zwischen den Kooperationspartnern.

4. Das Lernen in Kooperationen muss sich an den Erfordernissen der Märkte orientieren. Die Markterfordernisse, insbesondere im Hinblick auf den Endverbraucher, bilden das gemeinsame „Sprachrohr", das sämtliche Anspruchsgruppen der Kooperation auf allen Hierarchie- und Wertschöpfungsstufen integriert.

5. Die lernende Kooperation setzt eine aktuelle und umfassende Informationsversorgung voraus. Dabei helfen NIKT, die Aufgabe der

Informationsgewinnung effizienter zu gestalten. Die Verknüpfung der Einzelinformationen zu allgemein gültigen Erkenntnissen kann aber nur durch Menschen erfolgen. Diese müssen Wirkungsmechanismen des Marktes durchschauen und eine hohe fachliche Kompetenz, insbesondere im Hinblick auf ECR-Methoden und Vorgehensweisen, besitzen.

6. Für die Aufgaben der Verteilung, Nutzung und Bewahrung von Wissen werden virtuelle Wissens- bzw. Lernplattformen an Bedeutung gewinnen. Insbesondere international agierende Unternehmen erkennen zunehmend die Vorteile einer elektronischen Wissensarchivierung. So können beispielsweise die Mitarbeiter von Procter & Gamble Schweiz auf eine internationale Wissensdatenbank zugreifen. Hier lassen sich grundsätzliche Vorgehensweisen, Methoden und Tools sowie unternehmensweit gesammelte Erfahrungen bezogen auf das Thema ECR nachlesen. Die besondere Herausforderung liegt in der kontinuierlichen Weiterentwicklung und Pflege sowie in der anwenderfreundlichen Gestaltung einer solchen Wissensplattform.

6 Fazit

ECR-Kooperationen generieren komplexe Veränderungsprozesse. Die Komplexität resultiert aus den in **Teil I** dargestellten Herausforderungen. Demnach behindern grundsätzliche Zieldivergenzen zwischen Industrie und Handel bzw. daraus resultierende kontraproduktive Einstellungen und Verhaltensweisen die erfolgreiche Realisierung von ECR-Kooperationen.

Im Mittelpunkt der bisherigen ECR-Diskussion standen die konzeptionellen Grundlagen des Ansatzes, die weniger am Prozess des Wandels als vielmehr an spezifischen Sach- bzw. Optimierungsfragen ansetzen. Damit werden weder Industrie noch Handel den tief greifenden Veränderungen, die neben konzeptionellen auch strukturelle und personell-kulturelle Kontextfaktoren betreffen, gerecht. Es besteht die Gefahr, dass Unternehmen im Streben nach kurzfristig zu erzielenden Erfolgen Chancen und Möglichkeiten des ECR-Ansatzes nicht erkennen. Vor diesem Hintergrund attestiert Abraham: „ECR-Kooperationen stellen bisherige Orientierungen, Problemlösungsmuster sowie Verhaltensweisen grundsätzlich in Frage. Markterfordernisse und neue technische Möglichkeiten erlauben einen vollkommen neuen Zugang. [...] Dabei geht es nicht darum, z.B. die Durchlaufzeiten weiter zu reduzieren. Vielmehr ist es notwendig, die ganze Art und Weise, wie das Geschäft basierend auf bestehenden Traditionen und Werten betrieben wird, zu hinterfragen" (Abraham, Karstadt AG.). Vor diesem Hintergrund gilt es, potenzielle Kooperationsfelder kritisch zu bewerten.

Das kooperative **Supply Chain Management** basiert auf der ECR-Basisstrategie des Efficient Replenishment. Im Mittelpunkt stehen „neue" Logistikkonzepte wie Cross Docking oder Transit, die eine erhebliche Effizienzsteigerung entlang der Supply Chain versprechen, jedoch mit erheblichen Anfangsinvestitionen verbunden sind. Anhand mehrerer Fallbeispiele wird deutlich, dass es eine allgemein gültige Logistiklösung für Industrie und Handel nicht gibt.

Auf der Grundlage eines kooperativen **Information Managements** regeln Industrie und Handel den zweckgerichteten Austausch von Daten und Informationen. Dabei verändern insbesondere NIKT die Austauschprozesse zwischen Industrie und Handel grundlegend. Positive Effekte ergeben sich aus der Nutzung gemeinsamer Datenbestände, abgestimmter Kommunikationsstrukturen und der Automatisierung administrativer Abläufe. Als Plattform für ein kooperatives Information Management eignet sich ein HIS bestehend aus Warenwirtschaft, Data Warehouse und MSS. Auf der Grundlage einer besseren Informationsversorgung und -verarbeitung ist eine optimierte Logistik- und Marketingplanung möglich.

Aktuell rückt das **Category Management** in den Mittelpunkt kooperativer ECR-Aktivitäten. Dabei ist die Category als Teil des Handelssortiments das relevante Steuerungsobjekt. So sind Hersteller aufgefordert, ihre Perspektive zu erweitern und Produkte anderer Hersteller sowie insbesondere auch Eigenmarken des Handels in konzeptionelle Überlegungen einzubeziehen.

Bislang zielen kooperative CM-Aktivitäten auf eine Steigerung der Effizienz ab. Dabei geht es um die Optimierung von Flächen, Sortimenten und Verkaufsförderungsaktionen. Eine kooperative Entwicklung innovativer Leistungsangebote beispielsweise im Rahmen von Produktentwicklung oder Sortimentneuausrichtung findet nur selten statt. Bleibt der Ansatz des CM auf die Effizienzsteigerung beschränkt, so wird sich das anvisierte Wachstum weder für die Industrie noch für den Handel einstellen.

In der unternehmerischen Praxis wird der CM-Ansatz häufig mit diversen Phasenschemata in Verbindung gebracht. Der Zweck dieser Schemata besteht darin, das konzeptionelle Denken im Rahmen der CM-Planung, -Steuerung und -Kontrolle zu kanalisieren. Aufgrund der hohen Bedeutung der „weichen Faktoren" reichen Ablaufschemata, die lediglich das konzeptionelle Vorgehen strukturieren, jedoch nicht aus. Um eine erfolgreiche CM-Realisierung zu gewährleisten, ist es darüber hinaus notwendig, die strukturellen Rahmenbedingungen sowie die Motivation der Mitarbeiter aufseiten von Industrie und Handel zu berücksichtigen.

Entsprechend dem Hauptziel des vorliegenden Buches liefern die Ausführungen in **Teil II** Hinweise für eine erfolgreiche Konzeption und

Realisierung von ECR-Kooperationen. Im Mittelpunkt steht das Vorgehenskonzept, das sich am Lebenszyklus einer Kooperation orientiert und den einzelnen Realisierungsschritten relevante Managementaufgaben zuweist. Das Vorgehenskonzept hat den Anspruch einer allgemein gültigen Systematik, die von Industrie und Handel verwendet werden kann. Dabei stehen kooperative Planungs-, Steuerungs- und Kontrollprozesse im Blickpunkt, deren Herzstück das Modul „integrierte Ablaufplanung" darstellt. Hier gilt es, die konzeptionellen, strukturellen und personell-kulturellen Rahmenbedingungen der Zusammenarbeit zwischen Industrie und Handel zu gestalten. Das Vorgehenskonzept eignet sich für Geschäftsbeziehungen, die eine aktive Kooperationsstrategie verfolgen.

Hinsichtlich der positiven Wirkungen des dargestellten Vorgehenskonzepts auf den erfolgreichen Verlauf von ECR-Kooperationen bestehen jedoch auch Grenzen. So lassen sich die einzelnen Vorgehensschritte und deren Aufgaben in der ECR-Praxis nicht immer so eindeutig voneinander abgrenzen, wie dies in der vorliegenden Arbeit vorgenommen wird. In der Regel kommt es zu Vor- und Rückkopplungen, einzelne Teilphasen werden übersprungen oder mehrfach durchlaufen. Insofern ist das dargestellte Vorgehenskonzept als idealtypisch zu bezeichnen. Die Anwender des Vorgehenskonzepts sind aufgefordert, dem einzelfallspezifischen Charakter des eigenen ECR-Projekts Rechnung zu tragen. Bei „Kooperationsanfängern" ist sicherlich die Entstehungsphase einer Kooperation sowie das integrierte Vorgehen von besonderer Bedeutung. Dagegen bietet sich im Rahmen der Kooperationskontrolle eher ein pragmatischeres Vorgehen anhand weniger ausgewählter Kennzahlen an. Kooperationserfahrene Kooperationspartner richten dagegen ihre Aufmerksamkeit auf die konzeptionellen Grundlagen und verfeinern auf Basis der gesammelten Erfahrungen bestehende Planungs- und Kontrollmethoden. In jedem Falle sollten die Kooperationspartner jedoch darauf achten, dass neben der vorgegebenen Systematik die Kreativität bei der Lösung der verschiedenen Planungsaufgaben nicht verloren geht. Zu rigide Planungsvorgaben oder die unreflektierte Anwendung von Methoden und Tools, z.B. Checklisten oder Scoring-Modelle, steigern zwar die Planungs- und Kontrolleffizienz, verhindern aber einen kreativen Zugang, so dass Chancen der Zusammenarbeit möglicherweise nicht erkannt werden.

Teil III

Anhang

Category Management

Category Management betrachtet Warengruppen (Categories) als strategische Geschäftseinheiten, die Handel und Hersteller gemeinsam konzipieren. Mit der Ausrichtung an den Konsumentenbedürfnissen soll der Category-Profit steigen.

Consumer-Pull

Die Kundennachfrage beim Handel wird über spezifische Kommunikationsaktivitäten vom Hersteller ausgelöst.

Cross Docking

Bei dieser Distributionstechnik der ECR-Basisstrategie Efficient Replenishment werden statt seltener großer, mit langem Vorlauf bestellter Lieferungen häufige kleine Lieferungen mit entsprechendem kurzen Vorlauf bezogen. Das Besondere ist, dass die im Zentrallager des Handels angelieferten Güter nicht mehr eingelagert, sondern direkt nach Eingang filialgerecht kommissioniert und ausgeliefert werden. Folglich reduzieren sich damit Lagerbestand und in einem zweiten Schritt die Kapitalbindungskosten. Aufgrund der schnelleren Durchlaufzeiten profitiert der Kunde im Geschäft von frischeren Waren.

Efficient Consumer Response (ECR)

ECR ist eine gesamtunternehmensbezogene Vision, Strategie und Bündelung ausgefeilter Techniken, die im Rahmen einer partnerschaftlichen und auf Vertrauen basierenden Kooperation zwischen Hersteller und Handel darauf abzielen, Ineffizienzen entlang der Wertschöpfungskette zu minimieren. Dies geschieht unter Berücksichtigung der Verbraucherbedürfnisse und der maximalen Kundenzufriedenheit.

Efficient Replenishment

Efficient Replenishment ist die logistikorientierte ECR-Basisstrategie, die darauf abzielt, Effizienzen des Waren- und Informationsflusses entlang der Versorgungskette (Supply Chain) zu optimieren. Das herkömmliche Belieferungssystem wird durch einen an der tatsächlichen bzw. prognostizierten Nachfrage der Konsumenten abgestimmten Prozess ersetzt. Der Hersteller ist im Idealfall selbst für den fristgerechten Warennachschub des Handels verantwortlich.

Data Warehouse

Das Data Warehouse ist eine unternehmensweite Datenbank, die im Gegensatz zu den operativ ausgelegten Warenwirtschaftssystemen die strategische Geschäftsführung unterstützt. Unter anderem mittels Scannertechnologie werden alle relevanten Daten generiert, strukturiert gespeichert, nach bestimmten festgelegten Kriterien analysiert, übersichtlich aufbereitet und schließlich zur Entscheidungsfindung herangezogen. Dem Handel offeriert Data Warehousing neben der Erstellung einfacher Auswertungsinstrumentarien (z.B. Aktionsanalysen) auch die Durchführung komplexer Warenkorb- und Bonanalysen in überschaubarer und verständlicher Form.

Geschäftsmodelle für Händler

Geschäftsmodelle beantworten ganzheitlich die Frage, wie ein Leistungsversprechen beim grenzüberschreitenden Verkauf von Waren und Dienstleistungen realisiert werden soll. Discounter (Kostenführer) ziehen dabei Kundengruppen an, welche ein günstiges Preis-Leistungs-Verhältnis suchen. Ladenlayout, Service- und Dienstleistungen spielen bei diesem Kundentyp eine untergeordnete Rolle. Bei Content Retailern (Produktführer) findet der Kunde einzigartige Waren- und Sortimentsangebote. Diese ziehen den Kunden in den Laden und generieren den entscheidenden Wettbewerbsvorteil. Kunden, welche bei so genannten Channel Retailern (Kundenpartner) einkaufen, suchen in erster Linie gute Serviceleistungen und einen bequemen Einkauf. Sie empfinden das Produktangebot als sehr ähnlich und legen wenig Wert auf besonders günstige Angebote.

Geschäftsmodelle für Hersteller

Brand Manufacturer verfolgen die Strategie der Produktführerschaft. So führt der Brand Manufacturer „starke Marken", so genannte A-Brands, auf die insbesondere der Channel Retailer im Rahmen seines Sortiments nicht verzichten kann. Aus diesem Grunde ist das professionelle Brand Management die fundamentale Kernkompetenz dieses Herstellertyps. Channel Manufacturer verfolgen eine duale Strategie. So ist der Channel Manufacturer einerseits bestrebt, dem Handel eine umfassende Problemlösung anzubieten. Andererseits betreibt er ein auf den Endverbraucher gerichtetes Marketing. Der Channel Manufacturer verfügt über marktstarke Produkte, die ein gewisses Maß an Consumer-Pull aufweisen, jedoch den A-Brands im Hinblick auf ihr akquisitorisches Potenzial unterlegen sind. Private Label Supplier verfügen über Produkte bzw. Marken mit einem geringen Consumer-Pull. Der Private Label Supplier fokussiert seine Aktivitäten meist auf ein bestimmtes Handelsunternehmen und nimmt weitestgehend eine passive Haltung bei der Gestaltung der Absatzwege ein. Er ist bemüht, sich den Ansprüchen und Forderungen des nachfragemächtigen Handels anzupassen.

Management-Support-System

Management-Support-Systeme (MSS) stellen die optimale Informationsversorgung des Managements sicher. Es geht darum, dem Entscheider die benötigten Informationen zum richtigen Zeitpunkt in adäquater Form zur Verfügung zu stellen. MSS sollen helfen, schneller, besser und gezielter zu informieren. Heute basieren MSS in der Regel auf einem Data Warehouse.

Supply Chain Management

Darunter versteht man die Organisation der gesamten Wertschöpfungskette, um einen optimalen Beschaffungsprozess vom Rohmaterial bzw. Ausgangsprodukt bis hin zum Fertigprodukt zu gewährleisten. Dabei zählen die Qualität, die zeitgerechte Distribution und die optimale Befriedigung der Kundenbedürfnisse zu den kritischen Erfolgsfaktoren.

Supply-Side

Sämtliche Aktivitäten im Handelsunternehmen, welche den Beschaffungsprozess unterstützen, betreffen die Supply-Side.

Einige Erläuterungen basieren auf den offiziellen Definitionen der ECR-Dachorganisation. Weitere themenspezifische Definitionen sind auf deren Homepage http://www.ecr-dach.org abrufbar.

Abbildungsverzeichnis

Tabellenverzeichnis

Verzeichnis der Fallbeispiele

Abkürzungsverzeichnis

BAS	Betriebswirtschaftlich-administratives System
CCG	Centrale für Coorganisation
CM	Category Management
CPFR	Collaborative Planning, Forecasting and Replenishment
CCSB	Coca-Cola & Schweppes Beverages
CWWS	Computergestütztes Warenwirtschaftssystem
ECR	Efficient Consumer Response
EAN	Europäische Artikelnummer
EDI	Electronic Data Interchange
EDIFACT	Electronic Data Interchange for Administration, Commerce and Transport
EDV	Elektronische Datenverarbeitung
EPOS-Daten	Electronic-Point-of-Sale-Daten
EHI	EuroHandelsinstitut (e.V., Köln)
DB	Deckungsbeitrag
DIS	Douglas Informatik & Service GmbH
DFÜ	Datenfernübertragung
DPR	Direkte Produktrentabilität
DV	Datenverarbeitung
DW	Data Warehouse
FTP	File Transfer Protocol
GFK	Gesellschaft für Konsum-, Markt- und Absatzforschung
HIS	Handelsinformationssystem
i.e.L.	in erster Linie
ID-Karte	Identifikationskarte
IS	Informationssystem
ISDN	Integrated Services Digital Network
IT	Informationstechnologie
KAM	Key Account Management
LAN	Local Area Network
LEH	Lebensmitteleinzelhandel
MADAKOM	Markt-Daten-Kommunikation
Mafo	Marktforschung
MDE	Mobile Datenerfassung

MIS	Managementinformationssystem
MSS	Management-Support-Systeme
NIKT	Neue Informations- und Kommunikationstechnologien
OLAP	Online Analytical Processing
o.V.	ohne Verfasser
PIMS	Profit Impact of Market Strategy
PIN	Personal Identity Number
POS	Point of Sale
PF	Portfolio
ROI	Return on Investment
SB	Selbstbedienung
SCM	Supply Chain Management
WAN	Wide Area Network
WiSt	Wirtschaftwissenschaftliches Studium
WGM	Warengruppenmanagement
WOM	Wertorientiertes Management
WWS	Warenwirtschaftssystem
TQM	Total Quality Management
SGE	Strategische Geschäftseinheit
URL	Uniform Resource Locator
VICS	Voluntary Interindustry Commerce Standards
VMI	Vendor Managed Inventory
VKF	Verkaufsförderung

Literaturverzeichnis

Ahlert, D.: Architektur von Handelsinformationssystemen und betriebswirtschaftliches Umfeld, in: Ahlert, D. et al. (Hrsg.): Informationssysteme für das Handelsmanagement. Konzepte und Nutzung in der Unternehmenspraxis, Berlin et al. 1998.

Ahlert, D./Borchert, S.: Prozessmanagement im vertikalen Marketing. Efficient Consumer Response (ECR) in Konsumgüternetzen, Berlin et al. 2000.

Albert Heijn: Die Albert Heijn Unit-Organisation, in: Lebensmittel-Zeitung, Nr. 36, 49. Jg., 1997, S. 50.

Barth, K.: Rentable Sortimente im Handel. Zufall oder Ergebnis operabler Entscheidungstechniken? Göttingen 1980.

Behme, W.: Business Intelligence als Baustein des Geschäftserfolgs, in: Mucksch, H./Behme, W. (Hrsg.): Das Data-Warehouse-Konzept. Architektur – Datenmodelle – Anwendungen, Wiesbaden 1996, S. 27–45.

Behrends, C.: Von der Vision zur Praxis, in: Lebensmittel-Zeitung, Nr. 22; 46. Jg., 1994, S. 58–63.

Belz, Chr. et al.: Erfolgreiche Leistungssysteme. Anleitungen und Beispiele, Stuttgart 1991.

Berekhoven, L.: Erfolgreiches Einzelhandelsmarketing – Grundlagen und Entscheidungshilfen, München 1990.

Bertram, H.: Efficient Consumer Response (ECR) – Eine Erfolg versprechende Strategie, in: EuroHandelsinstitut (Hrsg.): Trendsetter USA: Neue Marketingkonzepte – neue Betriebstypen, Köln 1994, S. 20–26.

Bertram, H./Wallner, M.: Data Warehouse für den Manager, artikelgenaue Abverkaufsdaten sind die Basis, in: Lebensmittel-Zeitung, Nr. 10, 48. Jg., 1996, S. 83–84.

Biehl, B. (1997a): Schön, schnell und profitabel – Albert Heijn setzt Standards für effiziente und kreative Sortimente, in: Lebensmittel-Zeitung, Nr. 48, 49. Jg., 1997, S. 48–50.

Biehl, B. (1997b): Und es bewegt sich doch etwas – Immer mehr US-Händler setzen auf ECR und Category Management, in: Lebensmittel-Zeitung, Nr. 36, 49. Jg., 1997, S. 38–40.

Biehl, B. (1997c): Sortimentsbreite muss nicht teuer sein – Globus baut ein Zentrallager und führt ein Warengruppen-Management ein, in: Lebensmittel-Zeitung, Nr. 36, 49. Jg., 1997, S. 54.

Biehl, B. (1997d): Lieferanten sollen Champions werden – ECR bei der KG Dortmund-Kassel – Gute Resonanz bei den Industrie-partnern, in: Lebensmittel-Zeitung, Nr. 4, 49. Jg., 1997, S. 38.

Biehl, B.: Tesco nimmt Hersteller ins Boot – Tesco nutzt Industrie- und Berater-Know-how für sein Category Management, in: Lebensmittel-Zeitung, Nr. 13, 50. Jg., 1998, S. 46–48.

Biehl, B.: Intelligenz in der Supply Chain. CIES-Tagung: Informa-tionstechnologie soll LKW-Leerfahrten auf dem Rückweg reduzie-ren, in: Lebensmittel-Zeitung, Nr. 13, 51. Jg., 1999, S. 13.

Biester, S.: Explosive Zeiten. Wachsende Sortimente konkurrieren zunehmend um sinkende Kauflust, in: Lebensmittel-Zeitung Spezial: Feuerwerk der Ideen. Innovationen gegen Masse, Macht und Me too, Nr. 3, o. Jg., 1997, S. 16–17.

Bodenbach, B. F.: Internationale Handelsmarkenpolitik im europäi-schen Lebensmitteleinzelhandel, Regensburg 1996.

Brandenburger, A. M./Nalebuff, B. J.: Coopetition – kooperativ konkurrieren. Mit der Spieltheorie zum Unternehmenserfolg, Frankfurt und New York 1996.

Briem, J.: Fachkonzept sorgt für mehr Umsatz. Carrefour rüstet seine Hypermärkte auf Themenwelten um – Pilotprojekte in Bercy bei Paris und Epinal, in: Lebensmittel-Zeitung, Nr. 43, 50. Jg., 1998, S. 38–40.

Bruhn, M./Weber, M.: Netzwerkartige Hersteller-Handel-Serviceanbieter-Beziehungen aufgrund moderner Informations- und Kommunika-tionssysteme – Eine transaktionskostenanalytische Untersuchung, in: Trommsdorf, V. (Hrsg.): Handelsforschung 1996/97 – Positio-nierung des Handels – Jahrbuch der Forschungsstelle für den Handel (FfH) e.V., Wiesbaden 1997, S. 401–420.

Conner, D. R./Clements, E.: Die strategischen und operativen Gestal-tungsfaktoren für erfolgreiches Implementieren, in: Spalink, H. (Hrsg.): Werkzeuge für das Change Management. Prozesse erfolg-reich optimieren und implementieren, Frankfurt 1998, S. 22–65.

Diller, H./Goerdt, T.: Die integrierte Analyse der Marken- und Ein-kaufsstättenwahl für das Category Management. Arbeitspapiere des Lehrstuhls für Marketing an der Universität Erlangen-Nürn-berg, Nürnberg 1998.

ECR-Europe: Category Management Best Practices Report, The Partnering Group/Roland Berger & Partner, 1997.

Eierhoff, K.: Efficient Consumer Response (ECR) – ein neuer Weg in der Kooperation zwischen Industrie und Handel, in: Ahlert, D./ Borchert, S. (Hrsg.): Prozessmanagement im vertikalen Marketing. Efficient Consumer Response in Konsumgüternetzen, Berlin et al. 2000, S. 241–260.

Fischer, C.: Category Management. Absichten, Einsichten und Aussichten, in: Beisheim, O. (1999): Distribution im Aufbruch: Bestandsaufnahme und Perspektiven, München 1999.

Freedman, P. M./Reyner, M./Tochtermann, T.: European Category Management: Look before you Leap, in: The McKinsey Quarterly, No. 1, 1997, S. 156–164.

Friese, M.: Kooperation als Wettbewerbsstrategie für Dienstleistungsunternehmen, Wiesbaden 1998.

GFK-Haushaltspanel: Kooperative Potenzialerschließung ist möglich: Category Management, in: Handbuch Efficient Consumer Response. Konzepte, Erfahrungen und Herausforderungen, München 1999, S. 238.

Gilmozzi, S.: Data Mining – Auf der Suche nach dem Verborgenen, in: Hannig, U. (Hrsg.): Data Warehouse und Managementinformationssysteme, Stuttgart 1996, S. 159–171.

Glendinning Management Consultants: Anlass statt Produktgattung, in: Lebensmittel-Zeitung, Nr. 13, 50. Jg., 1998, S. 48.

Globus: Das Globus WGM ist Teamarbeit, in: Lebensmittel-Zeitung, Nr. 36, 49. Jg., 1997, S. 54.

Gockel, U.: Marktforschung als Basis für Category Management & Efficient Promotion, in: Category Management. Anfangseuphorie vs. Daily Business, 3. aktualisierte Konferenz für Vertrieb, Marketing und Einkauf, Bad Homburg 1998.

Günther, T.: Total System Efficiency. Schnittstellenübergreifende Prozesskostenrechnung als Wettbewerbsvorteil, in: Beisheim, O. (Hrsg.): Distribution im Aufbruch: Bestandsaufnahme und Perspektiven, München 1999.

Haedrich, G./Tomczak, T.: Produktpolitik, Stuttgart et al. 1996.

Hahne, H.: Category Management, in: Die Betriebswirtschaft, Nr. 6, 55. Jg., 1995, S. 799–801.

Hahne, H.: Category Management aus Herstellersicht, Lohmar und Köln 1998.

Hanke, G. (1999-Logistikzentrum-): Globus stößt in neue Dimensionen vor – Modernes Logistikzentrum in Bingen soll effiziente Versorgung für Märkte sicherstellen, in: Lebensmittel-Zeitung, Nr. 23, 51. Jg., 1999, S. 37.

Hanke, G. (1999-Werner-): Wettstreit in neuer Dimension. LZ-Umfrage bei Top-Managern: „1999 wird Jahr der großen Ertragseinbußen." LZ/NET News, 1998.

Harrigan, K. R.: Strategic Alliances and Partner Asymmetries, in: Contractor, F. J./Lorange, P. (Hrsg.): Cooperative Strategies in International Business, New York 1988, S. 205–226.

Hauschildt, J.: Innovationsmanagement, München 1993.

Heydt, A. v. d.: Efficient Consumer Response (ECR) – So einfach und doch so schwer, in: Heydt, A. v. d. (Hrsg.): Handbuch Efficient Consumer Response. Konzepte, Erfahrungen, Herausforderungen, München 1999, S. 3–23.

Hillemeyer, J.: Hand in Hand im Verbund agieren, in: Lebensmittel-Zeitung, Nr. 26, 50. Jg., 1998, S. 51.

Holzkämper, O.: Category Management. Strategische Positionierung des Handels, Göttingen 1999.

Jauschowetz, D.: Marketing im Lebensmitteleinzelhandel – Industrie und Handel zwischen Kooperation und Konfrontation, Wien 1995.

Joint Industry Project on ECR: Category Management Report – Enhancing Consumer Value, in: The Grocery Industry, Gemeinschaftsstudie des Category Subcomittee, des ECR Best Practices Operating Committee and The Partnering Group, o. Ort, 1995.

Kloth, R.: Waren- und Informationslogistik im Handel, Wiesbaden 1999.

König, R./Krampe, H.: Supply Chain Management, in: Hossner, R.: Jahrbuch der Logistik 1995, Düsseldorf 1995, S. 153–156.

Kraege, R.: Controlling strategischer Unternehmenskooperationen. Aufgaben, Instrumente und Gestaltungsempfehlungen, München und Mering 1997.

Krieger, W.: Informationsmanagement in der Logistik, Wiesbaden 1995.

Laurent, M.: Vertikale Kooperationen zwischen Industrie und Handel. Neue Typen und Strategien zur Effizienzsteigerung im Absatzkanal, Frankfurt 1996.

Liebmann, H.-P./Foscht, T.: Wissensmanagement im Handel, in: Thexis, Nr. 1, 16. Jg., 1999, S. 17–21.

Linné, H.: Wahl geeigneter Kooperationspartner. Ein Beitrag zur strategischen Planung von F&E-Kooperationen, Frankfurt et al. 1993.

Linnemann, W.: Bedarfsorientierte Warenhauslogistik im ECR-Zeitalter, in: Heydt, A. v. d. (Hrsg.): Handbuch Efficient Consumer Response. Konzepte, Erfahrungen, Herausforderungen, München 1999, S. 97–111.

Lorange, P./Roos, J.: Strategic Alliances. Formation, Implementation and Evolution, Cambridge 1992.

Meffert, H.: Zwischen Kooperation und Konfrontation. Strategien und Verhaltensweisen im Absatzkanal, in: Beisheim, O. (Hrsg.) Distribution im Aufbruch: Bestandsaufnahme und Perspektiven, München 1999, S. 407–424.

Milde, H.: Category Management aus der Perspektive eines Markt-forschungsinstitutes, in: Ahlert, D./Becker, J./Olbricht, R./Schütte, R. (Hrsg.): Informationssysteme für das Handelsmanagement, Berlin et al. 1998, S. 289–303.

Möhlenbruch, D.: Sortimentspolitik im Einzelhandel. Planung und Steuerung, Wiesbaden 1994.

Möhlenbruch, D.: Kundenorientierung durch Category Management – Kritische Analyse eines Kooperationsmodells zwischen Industrie und Handel, in: Trommsdorff, V. (Hrsg.): Handelsforschung 1997/98 – Kundenorientierung im Handel – Jahrbuch der Forschungsstelle für den Handel (FfH) e.V., Wiesbaden 1997, S. 113–133.

Naumann, U.: Kommunikationsprobleme im Filialbetrieb, Band 44 der Marburger Schriften zum Genossenschaftswesen, Göttingen 1975.

Olbricht, R.: Stand und Entwicklungsperspektiven integrierter Waren-wirtschaftssysteme, in: Ahlert, D./Olbricht, R. (Hrsg.): Integrierte Warenwirtschaftssyteme und Handelscontrolling, 3. Auflage, Stuttgart 1997, S. 115–172.

O. V. (1997-ECR-Status-): Kondition oder Kooperation – Time-Marketing befragte Markenhersteller nach dem ECR-Status, in: Lebensmittel-Zeitung, Nr. 51, 49. Jg., 1997, S. 30.

O. V. (1997-Tengelmann-): Tengelmann bündelt im großen Stil, in: Lebensmittel-Zeitung, Nr. 46, 49. Jg., 1997, S. 9.

O. V. (1999-Unilever-): Unilever optimiert Supply Chain, in: Lebensmittel-Zeitung, Nr. 42, 51. Jg., 1999, S. 71.

Pabst: Vertikales Marketing in schnelllebigen Märkten: Distributive Leistungssysteme im Damenoberbekleidungsmarkt, St. Gallen 1993.

Porter, M. E.: Wettbewerbsvorteile, Frankfurt 1999.

Rode, J. (1998-Wal-Mart-): Wal-Mart baut Internet-EDI, in: Lebensmittel-Zeitung, Nr. 3, 50. Jg., 1998, S. 48.

Rode, J. (1998-Revolution-): „Revolution" per Internet-Tesco ermöglicht Lieferanten Zugriff auf EPOS-Daten, in: Lebensmittel-Zeitung, Nr. 12, 50. Jg., 1998, S. 48.

Rode, J.: „CPFR": Zauberformel für Turbo-ECR-Kooperative, internet-gestützte Absatzplanung im Test bei Wal-Mart, Kmart und auch in Europa, in: Lebensmittel-Zeitung, Nr. 3, 51. Jg., 1999, S. 50.

Rodens-Friedrich, B.: ECR bei dm-drogerie markt – Unser Weg in die Wertschöpfungspartnerschaft, in: Heydt, A. v. d. (Hrsg.): Handbuch Efficient Consumer Response. Konzepte, Erfahrungen, Herausforderungen, München 1999, S. 205–220.

Rückert, J.: Chancen und Gefahren von ECR für den Handel. Manuskript zum Gastreferat an der Universität St. Gallen, November 1998.

Rudolph, Th.: Positionierungs- und Profilierungsstrategien im Europäischen Einzelhandel, St. Gallen 1993.

Rudolph, Th. (1997-Profilieren-): Profilieren mit Methode. Von der Positionierung zum Markterfolg, Frankfurt 1997.

Rudolph, Th. (1997-Spannungsfeld-): Profilierung und Rationalisierung im Handel, in: Belz, Chr./Rudolph, Th. (Hrsg.): Handelsdynamik – Kompetenz für Marketing-Innovationen, Festschrift zum 70. Geburtstag von Heinz Weinhold, Schrift 3, St. Gallen 1997, S. 12–27.

Rudolph, Th.: Marktorientiertes Management komplexer Projekte im Handel, Stuttgart 1999.

Rudolph, Th. (2000-Geschäftsmodelle-): Erfolgreiche Geschäftsmodelle im europäischen Handel: Ausmaß, Formen und Konsequenzen der Internationalisierung für das Handelsmanagement, in: Belz, Chr./Tomczak, T. (Hrsg.): Fachbericht für Marketing 3/2000, St. Gallen 2000.

Rudolph, Th. (2000-Wertkette-): Idealtypisch entlang der Wertkette. Erfolgversprechende Geschäftsmodelle für den Einzelhandel in Europa, in: Lebensmittel-Zeitung, Nr. 34, 52. Jg., 2000, S. 66.

Rudolph, Th./Schmickler, M.: Integriertes Category Management, in: Foscht, T./Jungwirth, G./Schnedlitz, P. (Hrsg.): Zukunftsperspektiven für das Handelsmanagement. Konzepte-Instrumente-Trends, Frankfurt 2000, S. 201–219.

Safeway: Konstanter Warenfluss in der Lieferkette, in: Lebensmittel-Zeitung, Nr. 13, 51. Jg., 1999, S. 50.

Schlömann, O.: Lust und Frust mit ECR-Projekten – Einsparpotenziale können nicht immer umgesetzt werden, in: Lebensmittel-Zeitung, Nr. 42, 51. Jg., 1999, S. 72.

Schnoedt, E.: Kooperation im Distributionskanal. Eine Analyse interorganisatorischer Kooperationspotenziale und -hemmnisse in der Konsumgüterdistribution, Bamberg 1994.

Schwamborn, S.: Strategische Allianzen im internationalen Marketing, Planung und portfolioanalytische Beurteilung, Wiesbaden 1994.

Silberer, G./Jaekel, M.: Marketingfaktor Stimmungen: Grundlagen, Aktionsinstrumente, Fallbeispiele, Stuttgart 1996.

Speer, F.: Category Management: Organisatorische Ansätze eines integrierten Marketing- und Vertriebskonzeptes, in: Heydt, A. v. d. (Hrsg.): Handbuch Efficient Consumer Response. Konzepte, Erfahrungen, Herausforderungen, München 1999, S. 222–235.

Stahlknecht, O.: Einführung in die Wirtschaftsinformatik, 4. Auflage, Berlin et al. 1989.

Steffenhagen, H.: Marketing, Vertikales, in: Marketing Enzyklopädie, Band 2, München 1974, S. 675–690.

Steinle, C./Eggers, B.: Zukunftssicherung durch strategische Planung – Theoretische Grundlagen und Umsetzungshinweise für die Versicherungsunternehmung, in: Zeitschrift für die gesamte Versicherungswissenschaft, Nr. 4, 78. Jg., 1989, S. 691–712.

Tietz, B.: Der Handelsbetrieb, 2. Auflage, München 1993.

Tomczak, T.: Key Account-orientierte Wettbewerbsstrategien in der Konsumgüterindustrie, in: Thexis, Nr. 3, 10. Jg., 1993, S. 45–48.

Tröndle, D.: Kooperationsmanagement. Steuerung interaktioneller Prozesse bei Unternehmungskooperationen, Bergisch Gladbach und Köln 1987.

Vahrenkamp, R.: Efficient Consumer Response und Supply Chain Management, in: Efficient Consumer Response und die Anforderungen an die Logistikkette, Tagungsband des 2. Wissenschaftssymposiums der Deutschen Logistik Akademie (DLA) in Bremen am 15. Januar 1997, Bremen 1997, S. 19–30.

Volck, S.: Die Wertkette im prozessorientierten Controlling, Wiesbaden 1997.

Voluntary Interindustry Commerce Standards Association: CPFR-Geschäftsmodell (Basisversion), in: Lebensmittel-Zeitung, Nr. 3, 51. Jg., 1999, S. 50.

Wiese, C.: Schneller ist auch billiger. Durch CRP zu effizienten Beständen, in: Lebensmittel-Zeitung, Nr. 2, 48. Jg., 1996, S. 44–46.

Würmser, A.: Serviceoffensive für den Kunden, in: Logistik Heute, Nr. 10, 17. Jg., 1995, S. 14–17.

Zeiner, R./Ring, T.: Efficient Consumer Response – „Der Weg ist das Ziel", in: Heydt, A. v. d. (Hrsg.): Handbuch Efficient Consumer Response. Konzepte, Erfahrungen, Herausforderungen, München 1999, S. 237–254.

Zentes, J.: Warenwirtschaftssysteme (WWS), in: Diller, H. (Hrsg.): Vahlens großes Marketinglexikon, München 1992, S. 1285–1286.

Zentes, J./Hurth, J.: Status und Folgen der Handelskonzentration, Saarbrücken und Wiesbaden 1996.

Zentes, J./Ihrig, F.: Bedeutung der Markenpolitik für das vertikale Marketing, in: markenartikel, Nr. 1, 57. Jg., 1995, S. 20.

Stichwortverzeichnis